Eliana Moraes

Pensando a Arteterapia

Volume 2

semente editorial

Divino de São Lourenço / ES, 1ª edição,
primaverda de 2019

1ª edição - dezembro de 2019
Direitos desta edição reservados à
Semente Editorial Ltda.

Av. José Maria Gonçalves, 38 – Patrimônio da Penha
29.590-000 Divino de São Lourenço/ES

Rua Araxá, 655 – Grajaú
20.511-180 Rio de Janeiro/RJ
(21) 98207.8535

contato@sementeeditorial.com.br
www.sementeeditorial.com.br

Produção editorial: Estúdio Tangerina
Preparação de texto: Constantino Kouzmin-Korovaeff
Revisão: Mirian Cavalcanti e Simone Machado
Projeto gráfico e capa: Lara Kouzmin-Korovaeff
Editora responsável: Lara Kouzmin-Korovaeff

M827p

Moraes, Eliana
Pensando a Arteterapia : volume 2 / Eliana Moraes.
1. ed. - Divino de São Lourenço, ES : Semente Editorial, 2019.
192 p : il. ; 23 cm

ISBN 978-85-63546-74-6

1. Arteterapia. 2. Psicologia 3. Psicoterapia
I. Título.

CDD: 615.85156

Assim, cada arte chega, pouco a pouco,
ao ponto que se torna capaz de exprimir,
graças aos meios que lhes são próprios,
o que só ela está qualificada para dizer.

Wassily Kandinsky

SUMÁRIO

PREFÁCIO

Laila Alves de Souza

> Então sempre surge um homem, um de nós, em tudo nosso semelhante, mas que possui uma força de "visão" misteriosamente infundida nele. Ele vê o que será e o faz ver. Por vezes desejaria libertar-se desse dom sublime, dessa pesada cruz sob a qual verga. Mas não pode. Apesar das zombarias e do ódio, atrela-se à pesada carroça da humanidade, a fim de soltá-la das pedras que a retêm e, com todas as suas forças, impele-a para a frente...
>
> Aquele que, entre eles, é capaz de olhar além dos limites da parte a que pertence é um profeta para os que o cercam. Ele ajuda a fazer avançar a carroça recalcitrante... Essa multidão tem fome – muitas vezes sem que ela própria esteja consciente disso – do pão espiritual que convém às suas necessidades. (KANDINSKY, 1991, pp 31-36)

Como Eliana nos pontua, o artista vem imbuído de uma sensibilidade que lhe permite captar as demandas de seu entorno. O terapeuta, por sua vez, vem com a sensibilidade da escuta e do afeto, habilidades que o preparam para lidar com o espaço psíquico.

O arteterapeuta, portanto, vem ocupar um espaço particular, em que materiais – físicos e psíquicos – se experimentam de forma única. Cada ENCONTRO entre arteterapeuta, cliente/paciente e material é único, irrepetível. E é pelo fato da prática arteterapêutica possuir tal especificidade de tantos entrelaçamentos (como um maestro em uma orquestra), que Eliana dá continuidade no pensar a Arteterapia.

Assim, no livro *Pensando a Arteterapia – volume 2*, o verbo que sempre se encontra no gerúndio, vem traduzir o seu caminhar de muitas pesquisas, estudos e prática, com o intuito de compartilhar, de forma didática e apaixonada, a riqueza de caminhos que a Arteterapia propõe.

Essa riqueza ressoa no universo de materiais e nas inúmeras possibilidades de aplicações dos mesmos, gerando, no potencial do agir, as transformações das matérias, tanto no nível físico quanto no psíquico. Contudo, com tantas possibilidades e tantas riquezas, se erguem, consequentemente, diversos questionamentos a respeito do ofício do arteterapeuta. Tais questionamentos permeiam o livro inteiro, não com respostas e afirmações definitivas, mas com experiências mobilizadas pelo ENCONTRO.

O encontro (palavra que aliás enfatizei no começo) é a grande imagem que encontramos no *Pensando a Arteterapia*. A metáfora básica desse caminho que vamos adentrar. Já no primeiro texto vislumbramos isso ao nos darmos conta de que, nas palavras de Eliana, o arteterapeuta é um promotor de encontros.

Eros é a grande divindade do panteão grego que proporciona o encontro, a relação, e o que une. Eros, portanto, encontra-se no afeto, pois este garante os vínculos. Falar de encontro é falar de Eros, mas Eliana não só fala de Eros, mas fala com Eros. A cada página sentimos a presença dele em suas palavras. Em sua frase "eu acredito na Arteterapia", tal presença é intensamente sentida.

E quais encontros poderão nos atravessar no livro? Aqui vão alguns:

O encontro com diferentes artistas e a psicologia contida em cada um deles; o encontro com as teorias das artes e também com as teorias "psis"; o encontro com a poesia e a música; o encontro com a aplicabilidade de cada material; o encontro com a cor que, consequentemente, nos desperta o encontro com certas emoções; o encontro com as polaridades; o encontro com o belo; o encontro com a intuição; o encontro do interior com o exterior, o encontro do arteterapeuta consigo mesmo e o encontro do indivíduo com seu cenário social, possibilitando, desse modo, abranger mais espectros que a Arteterapia pode alcançar, assim como acontece na Arte.

Dessa forma, todas essas possibilidades de encontros só se realizam pela potência do agir e pelo ato do criar. O cliente/paciente, portanto, vivencia-se no fazer, buscando uma intensificação do viver (termo emprestado de Fayga Ostrower). No entanto, esse processo criativo, a *opus* (obra) só tem condição de se materializar pelo mais importante dos encontros: o terapeuta e o cliente/paciente. É desse encontro que se consolida a clínica arteterapêutica e que, a partir disso, a arte pode estabelecer-se como caminho. Cada arteterapeuta fará desse encontro, com cada cliente/paciente, sua clínica. Eliana em seus dois volumes do *Pensando a Arteterapia* nos mostra, através de textos com linguagem bem pessoal, sua experiência como promotora de encontros, distante, pórem, de uma receita de clínica arteterapêutica. O que fica evidente em seus registros são as experiências que a tocaram e os estudos, tanto pessoais quanto aquecidos por seus grupos e seus atravessamentos, tanto em sua clínica quanto em mobilizações culturais e sociais. Esses registros revelam, claramente, seu desejo de que profissionais se inspirem em seu próprio caminhar e que possam ser tocados, do seu modo, desde os possíveis caminhos que a arte pode propor. Ela afirma:

> Esse caminho de desenvolvimento da sensibilidade artística é absolutamente íntimo e pessoal. E aqui reforço meu incentivo para que cada arteterapeuta participe desse esvaziamento de si e (se) ouça como pode exercer seu ofício, oferecendo os materiais e estímulos que o social nos pede. (MORAES, 2019, p 179)

Assim, o leitor poderá constatar que ao ler se sentirá inspirado a construir uma postura como promotor de encontros, podendo criar em seu próprio caminho, assim como fez Eliana, possibilidades tais como: ser um inventor de aplicação de materiais ou ser descobridor de linguagens diferentes na arte, sempre aguçando sua escuta e sua intuição, e permitindo a companhia de Eros. Claro que com responsabilidade e consistência, embasado em estudos e teorias, como encontramos nas experiências de Eliana aqui descritas. Além do que, poderá o leitor também se mobilizar a entrar em contato com seu processo, ou seja, antes de ser promotor, ser participante dos seus encontros.

Desse modo, podemos concluir que nas palavras de sua escrita e na "não palavra" dos trabalhos com os clientes/pacientes, Eliana mostra que ao pensar a Arteterapia, podemos ao mesmo tempo, e com toda a potência, também senti-la... E segue a missão.

BONS ENCONTROS!

INTRODUÇÃO
Palavras da Autora

Pensando. Palavra usada no gerúndio para dar a conotação de um caminho contínuo. Esta é a proposta do *blog* "Não Palavra" desde o seu início em 2013, e assim segue até os dias de hoje. Escrever não é fácil. Pelo contrário, é um enfrentamento. Motivos para o bloqueio criativo é o que não falta, mas a meu ver, um dos principais é o (ilusório) desejo de "estar pronto". Começar a escrever só foi possível para mim quando compreendi que o "pronto" não existe. Só existe o "hoje". E autorizando-me a escrever o melhor que tenho agora, alguns textos começaram a ficar prontos para serem compartilhados durante o processo.

Arteterapia. Sendo um processo, nada mais justo que o exercício de pensá-la pudesse ser registrado ao longo do caminho. Afinal, o que são os trabalhos de seus experienciadores senão o registro de cada passo de seu processo criativo e consequentemente de autoconhecimento?

"Pensando a Arteterapia" é como sigo meu caminhar, por entre estudos, práticas arteterapêuticas, teorizações e troca entre pares. Para sedimentar meus pensamentos, intuitivamente descobri o recurso de escrever textos que pudessem organizar e constelar minhas reflexões e, ao mesmo tempo, compartilhar com outras pessoas que se interessassem pela troca. Aliás, a participação ativa do outro sempre foi peça fundamental nesta jornada. Dentre confirmações ou convites a retificações, esses espelhamentos me direcionavam por onde continuar a caminhar.

Compartilhar enquanto caminho. Essa é a marcha que assumi desde que comecei a escrever, antes de forma claramente intuitiva, hoje me sentindo mais apropriada desta função. Durante o processo de edição deste livro, pude reler meus textos com o olhar um pouco mais distanciado e contemplar a evolução de maturidade na escrita, nos temas e nos embasamentos teóricos. Tenho certeza de que essa evolução só foi possível porque foi um caminho construído. Cada texto, cada passo, cada enfrentamento, cada prazo (proposto por mim mesma) cumprido, significam um pedaço de chão solidificado.

Hoje, o volume 2 do *Pensando a Arteterapia* é uma realidade fruto deste caminho construído. Ele contém textos que escrevi desde março de 2017 a maio de 2019. Seguindo o modelo anterior, os textos estão organizados não por ordem cronológica, mas temática, facilitando o estudo. Sendo assim, é importante que o leitor fique atento para as datas de publicação para contextualizar-se do período em que foi escrito.

Colocar mais este livro/filho no mundo tem um simbolismo muito profundo em meu próprio processo de individuação. E por estar consciente da potência de ter-se o exercício da escrita como parceiro de vida é que tenho incentivado arteterapeutas e estudantes a que se lancem a ele.

Clarice Lispector nos fala: "Dizem que a vida é para quem sabe viver, mas ninguém nasce pronto. A vida é para quem é corajoso o suficiente para arriscar e humilde o bastante para aprender."

Definitivamente, o exercício da escrita é um caminho de contínuo enfrentamento. Se, por um lado, comparece o desejo de escrever, por outro uma força puxa para trás. Comparecem os medos, inseguranças, sensação de incapacidade e incompletude. É nesse contexto que Clarice nos estende a mão: "ninguém nasce pronto". E só se movimenta quem acessa alguma coragem para arriscar e alguma humildade para reconhecer que nunca saberemos o suficiente, estaremos sempre aprendendo.

As páginas deste livro contém um sopro de coragem aos amigos do "Não Palavra" que possuem um desejo guardado de escrever um texto, uma oficina, um projeto, um trabalho... Que você tenha coragem de criar, produzir e arriscar. E que esteja tranquilo, pois não existe o "pronto". Existe o aprendizado contínuo.

Eliana Moraes

Rio de Janeiro, primavera de 2019

A PRÁTICA DA ARTETERAPIA

Linguagens e Materiais

O arteterapeuta, um promotor de encontros

Publicado em 28/05/18

Ao longo de 2017 dediquei-me a pensar, escrever e compartilhar sobre a modalidade clínica dentre as práticas da Arteterapia. Dessas articulações nasceu o ciclo de palestras "Série Arteterapia Clínica", o qual sigo oferecendo em diversos espaços ao longo de 2018.

Esse ciclo nasceu a partir da fala de uma aluna: "Eliana, como saber quando devo usar cada material em um atendimento em Arteterapia? Quando saberei que devo usar colagem, pintura ou modelagem?"

Tal pergunta saltou aos meus ouvidos, até porque percebi que não era a primeira vez que a ouvia nos espaços de cursos, palestras e supervisões. De fato, a raiz da resposta encontra-se no estudo aprofundado sobre as linguagens dos materiais, uma das disciplinas básicas do curso de formação em Arteterapia. Entretanto, o refinamento para a escuta clínica arteterapêutica é algo que é construído com tempo de estudo e prática, pois difere das modalidades semiestruturadas ou estruturadas, típicas de vivências pontuais ou propostas breves, oferecidas principalmente para grupos: aqui, parte do arteterapeuta um disparador inicial para que o paciente/cliente projete de si e crie a partir desse "estímulo externo". Na clínica, o arteterapeuta recebe um paciente, ouve a demanda daquele sujeito, e a partir dessa escuta aciona algum material para oferecer-lhe, sendo esse um facilitador expressivo e mobilizador de atos criativos, na arte e na vida.

Acatei o chamado dessa e outras alunas e dediquei-me à temática da clínica na Arteterapia em suas especificidades, até mesmo porque, delinear a tênue fronteira entre ser uma psicóloga que eventualmente utiliza as técnicas expressivas e ser uma arteterapeuta propriamente dita, é uma das questões que desenham minha identidade profissional.

Com esse pensamento, tenho usado a metáfora do arteterapeuta como um grande maestro que sustenta uma variedade de instrumentos, cada um em sua singularidade e potencial. Em uma orquestra temos os instrumentos de cordas, de sopro, de percussão; sons graves, agudos, de base, de solo... Cabe ao maestro ser conhecedor de cada um desses instrumentos para que em sua regência mantenha-os em harmonia e saiba o momento de fazer com que um deles, a partir do que lhe é próprio, no momento oportuno, seja o solista ou que permaneça no fundo dando sustentação aos outros.

Assim se dá um *setting* arteterapêutico. A partir da entrada do 3º elemento – o material – na dinâmica relacional, uma gama de estímulos abre-se nos campos verbal e não verbal, objetivos e subjetivos, conscientes e inconscientes. Nesse contexto de uma escuta ampliada, própria do arteterapeuta, de fato a pergunta é estrutural: **Como manejar os materiais e as técnicas expressivas de forma consciente e consistente? Quando investir em cada material/técnica?**

Naturalmente, essa escolha não se dá de forma aleatória ou "irresponsável". Afinal, a natureza do material oferecido agirá de forma específica no autor:

> Todas as características dos materiais atingem diretamente quem usa, causando determinadas emoções que serão acolhidas na relação terapêutica. Entender essas características e as necessidades de cada pessoa é a chave para saber escolher o material adequado à situação. (BRASIL, 2013, pp 87-88)

Dessa forma, cabe ao arteterapeuta o estudo teórico e prático das propriedades de cada material e linguagens da arte, pois cada uma delas possui suas "forças próprias":

> Não basta comparar os procedimentos das mais diferentes artes: esse ensino de uma arte por uma outra não pode dar frutos se permanecer unicamente exterior. Deve ajustar-se aos princípios de uma e de outra. **Uma arte deve aprender de outra arte o emprego de seus meios, inclusive os mais particulares, e aplicar depois, segundo seus próprios princípios**, os meios que são só dela e somente dela. Mas não deve o artista esquecer que a cada meio corresponde um emprego especial que se trata de descobrir... **Somos levados assim a constatar que cada arte possui suas forças próprias. Nenhuma das forças de outra arte poderá tomar seu lugar.** (KANDINSKY, 1990, pp 56-57)

Aqui se dá um ponto de responsabilização do **arteterapeuta** sobre a seriedade de seu ofício: **aquele que oferece o material** e promove o que Fayga Ostrower chamou de "intensificação do viver" do sujeito que cria.

A escolha desse material, porém, não partirá do olhar voltado para o próprio terapeuta, mas a partir da escuta do sujeito que fala. A prática clínica da Arteterapia mostra-nos que o paciente/cliente em meio ao seu discurso já "pede" o material de forma intuitiva. Ao arteterapeuta cabe a tarefa de saber ouvir esse pedido, identificar o material e oferecer a técnica expressiva, contextualizada às demandas trazidas através de metáforas entre os conteúdos expressados e os materiais.

Cabe sublinhar ser estrutural que a analogia feita entre a demanda terapêutica e o material seja acessível e compreensível para o paciente/cliente, pois somente assim ele poderá investir de si de forma plena para aquele agir.

Concluímos que se faz essencial a instrumentalização do arteterapeuta clínico quanto à dinâmica do *setting* arteterapêutico para o refinamento de sua escuta e manejo das linguagens dos materiais, investindo em uma profunda intimidade teórica e vivencial de suas propriedades e potências. Somente dessa forma poderá desempenhar de forma consistente seu trabalho de **promover um encontro entre o sujeito que fala e o material pertinente**, facilitador do caminho de autoconhecimento e processo arteterapêutico daquele que cria, na arte e na vida.

Reflexões sobre o "simples" nas práticas da Arteterapia

Publicado em 26/03/18

E que ninguém se engane, só se consegue a simplicidade através de muito trabalho.
Clarice Lispector

Um dos artistas que têm me inspirado para este ano é Piet Mondrian. Retomei minha reflexão sobre as ideias do movimento *De Stijl* (que não por acaso significa "o estilo"), registrado em um texto anterior chamado "Mondrian e Arteterapia – Um diálogo para um estilo (Moraes, 2018)". Contextualizado no início do século XX, mais precisamente no período da Primeira Guerra Mundial, Mondrian ficou conhecido por seu caminho em direção à abstração completa, chegando ao seu inconfundível estilo geométrico, o neoplasticismo.

O processo imagético em que se reduziu ao que há de mais simples, **as linhas retas e as cores primárias**, não se deu ao acaso, sendo profundamente simbólico na busca de uma linguagem visual de aplicação mais universal, menos individualista. Assim, em meio aos conflitos humanos transbordados em guerras, essa expressão poderia servir como um modelo para as relações harmoniosas que Mondrian e seus amigos imaginavam para a vida dos povos num futuro utópico. Podemos pensar que esses artistas eram movidos por um desejo de que assim o ser humano poderia se comunicar e se relacionar harmoniosamente apesar de tanta diversidade e pluralidade. Não nos parece um desejo bem atual?

"Simplificar para facilitar as relações: na imagem e na vida", a inspiração de Mondrian é uma das propostas que tenho afirmado em diversos contextos da minha prática arteterapêutica. Primeiramente porque penso que esse é o momento em que devemos oferecer propostas para que as **relações** sejam pensadas e ressignificadas.

Mas a prática mostra-nos outra grande surpresa trazida pelo diálogo com Mondrian: a riqueza de possibilidades que se abre a partir do que há de mais simples. E hoje releio com muito mais significado o que escrevi anteriormente:

> ... Mondrian, um artista que olhos mais desatentos podem vê-lo como "sem graça" ou "bobo". Mas... Pude me ouvir o quão difícil foi selecionar e sintetizar em um breve texto tudo que Mondrian tem me tocado e me provocado a pensar. Percebi que este fato nada mais é do que o reflexo de uma das grandes lições que o artista me trouxe até o momento, que também coopera para meu estilo: quanta coisa é possível criar e influenciar a partir do que há de mais simples! Mondrian nos ensina que **simplificar não é empobrecer, mas** um processo (que sim, demanda muito trabalho) de limpeza de ruídos e excessos para **a abertura do novo e quantas possibilidades couberem em nossas mãos!** (MORAES, 2018, pp 182-183)

O RETORNO AO SIMPLES: UMA INSPIRAÇÃO PARA METÁFORAS DA VIDA

O diálogo com o simples segue em outros campos. Tenho trocado com arteterapeutas que compõem a minha rede sobre a simplicidade dos materiais em Arteterapia: o que na grande maioria das vezes não ocorre por escolha, mas por escassez.

Quem trabalha em alguma instituição como escolas ou hospitais, públicos ou privados, sabe do que estou falando. Mas aqui a simplicidade pode chegar com cara de empobrecimento. Em outros contextos, arteterapeutas recém-formados(as) que ainda não construíram seu próprio material ou outros(as) que, pelas demandas da vida, tiveram que mudar de cidade não havendo a possibilidade de levar consigo todo o material cultivado até ali (todos os casos mencionados são reais à minha escuta).

De fato, em nossos cursos de formação somos estimulados para a experimentação da riqueza de materiais. Somos impressionados com mesas cheias de recursos, possibilidades, linguagens, cores, formas, texturas... Penso que realmente é essencial que o arteterapeuta tenha a oportunidade de manusear, sentir e criar intimidade com os mais variados materiais que possam em algum momento ser úteis em nossa prática. Somente através dessa experimentação teremos subsídios para manusear os materiais de forma consistente.

Entretanto, a meu ver, é essencial que o arteterapeuta saiba que, não raras vezes, "na prática, a teoria é outra". Muitas vezes não dispomos de muitos materiais para oferecer em nossos trabalhos. Muitas vezes somos contratados por uma instituição que não pode investir em material ou, em atendimentos particulares, o próprio terapeuta, por realidades da vida, não tem disponibilidade naquele momento para um grande investimento em materiais.

Seria a escassez de material um impeditivo para o arteterapeuta trabalhar? Na verdade, muito pelo contrário. Penso que essa efetivamente é a oportunidade para que, no campo do simples, a mola mestra da Arteterapia possa emergir: a criatividade.

Criar a partir da riqueza de possibilidades é muito interessante. Mas penso que **criar diante do pouco ou do quase nada é, de fato, o chão da vida.** A realidade da clínica mostra-nos que vivemos em tempos de crise financeira, perdas sucessivas de poder aquisitivo, redução de possibilidades múltiplas narradas por nossos pacientes com ar de frustração e derrota, sendo o discurso do "não posso" a tônica.

Então eu pergunto aos arteterapeutas, não seria justamente essa metáfora de vida que precisamos remontar em nossos *settings* terapêuticos? Diante do (que parece) pouco, para onde sua criatividade o leva? Ao que sua intuição o instiga? Quais possibilidades você pode se levar a enxergar diante do que tem à frente?

A prática mostra-nos que ao aceitarmos o que temos, e com o que temos acessarmos nossa criatividade, abrem-se grandes possibilidades. Nos materiais e na vida.

Nessa perspectiva, meu estilo como arteterapeuta tem se firmado em cima da simplicidade – só possível de ser construída a partir de muito estudo. Quando bem embasado, o simples é suficiente e muito potente.

Para 2018, olhos de sementes: diálogos com a argila

Publicado em 26/02/18

Eu sou a terra, eu sou a vida.
Do meu barro primeiro veio o homem.
De mim veio a mulher e veio o amor.
Veio a árvore, veio a fonte.
Vem o fruto e vem a flor.

Eu sou a fonte original de toda vida.
Sou o chão que se prende à tua casa.
Sou a telha da coberta de teu lar.
A mina constante de teu poço.
Sou a espiga generosa de teu gado
e certeza tranquila ao teu esforço.
Sou a razão de tua vida.
De mim vieste pela mão do Criador,
e a mim tu voltarás no fim da lida.
Só em mim acharás descanso e Paz.
Eu sou a grande Mãe Universal.
Tua filha, tua noiva e desposada.
A mulher e o ventre que fecundas.
Sou a gleba, a gestação, eu sou o amor.

A ti, ó lavrador, tudo quanto é meu.
Teu arado, tua foice, teu machado.
O berço pequenino de teu filho.
O algodão de tua veste
e o pão de tua casa.

E um dia bem distante
a mim tu voltarás.
E no canteiro materno de meu seio
tranquilo dormirás.

Plantemos a roça.
Lavremos a gleba.
Cuidemos do ninho,
do gado e da tulha.
Fartura teremos
e donos de sítio
felizes seremos.

Cora Coralina em "O cântico da terra"

Há algum tempo tenho investido na percepção dos fenômenos sociais da atualidade e estimulado os arteterapeutas que me cercam para que exercitem seu olhar para os movimentos coletivos de seu tempo e do seu campo de influência, e assim orientem seu trabalho e propostas em Arteterapia. Faz parte da função do artista, ao longo da história, emprestar seu corpo, sensações e intuições à captação e tradução dos movimentos da humanidade para a esfera objetiva. Conscientizando-se dessa função, podem os arteterapeutas imbuídos dessa sensibilidade orientar suas práticas arteterapêuticas, em propostas estruturadas ou semiestruturadas, para não oferecerem temáticas a partir de seus próprios desejos, mas oferecer os materiais e linguagens expressivas de que as pessoas estão tão carentes e que nos pedem intuitivamente.

Tenho pensado que 2018 será um ano bastante desafiador para a humanidade em diversas esferas. Em nosso país especificamente, acredito que esse será um ano bastante aquecido em conflitos relacionais, uma vez que será um ano de eleições no âmbito nacional e estaduais, potencializando assim os discursos polarizados, o não diálogo entre os diferentes: o chamado "clima de ódio".

Quem são os profissionais habilitados para lidar com as dores daqueles que não estão conseguindo se relacionar com as pessoas amadas ou que compõem sua biografia, e, em última análise, consigo próprios, senão nós, terapeutas? Esta é uma convocação que assumi para mim e estendo a quem possa se identificar.

A partir dessas reflexões, escolhi iniciar meus trabalhos de práticas em Arteterapia oferecendo um material bem específico: a argila. De tudo o que já li sobre tal material, uma palavra que se repete e muito me orienta quando entendo que é o momento de oferecê-la é: retorno.

> Segundo a Bíblia, Adão foi feito do barro, por isso nos remetemos ao começo de tudo, a origem da vida, o que pode ser extremamente mobilizante esse contato, trazendo recordações de fases muito regredidas da infância. (BRASIL, 2013, pp 137-138)

> A argila mobiliza intensas e ativas conexões arquetípicas, e seu manuseio pode despertar energias ancestrais, extremamente mobilizadoras... Eu, particularmente... penso que o barro ativa mais rapidamente conteúdos inconscientes, pois é um material orgânico, vivo, úmido, macio, que propicia trocas de temperatura e oferece ao toque extrema plasticidade e reversibilidade. Ela também nos remete naturalmente às associações e/ou memórias muito antigas, algumas memórias provenientes de nosso inconsciente pessoal... além de ter em sua composição muitos elementos bioquímicos presentes também no corpo humano. (PHILIPPINI, 2009, pp 72-73)

Assim, a argila propicia um retorno ao corpo, a conteúdos do inconsciente pessoal e coletivo, ao primitivo, à natureza, ao começo de tudo, à origem da vida. Acredito que no momento em que o ser humano se encontra perdido de si e do outro, desconectado de sua natureza e da natureza como seu *habitat*, seja necessário um retorno em busca de sua essência, individual e coletiva.

O CÂNTICO DA TERRA – UMA PROPOSTA EM ARTETERAPIA

Neste ano, abri meus trabalhos em atendimentos individuais, grupos arteterapêuticos e grupos vivenciais para arteterapeutas, oferecendo a poesia de Cora Coralina que nos inspira sobre a riqueza de simbolismos que a **terra** nos traz. Naturalmente, cada leitor de uma poesia capta e faz laço com algum aspecto muito singular, a partir de suas próprias projeções.

Assim propus, para começarmos o ano, um diálogo com a terra, começo de tudo. Inicialmente um diálogo sensorial, sentindo seu peso, textura, temperatura, maleabilidade... Em seguida, estimulei que cada um ouvisse o cântico dessa terra que tinham em suas mãos – este ano desenha-se como uma terra pronta para o cultivo (de quê?), para investirmos de nós, plantando, germinando, colhendo... Do diálogo entre as mãos de cada autor com o cântico oriundo da terra e com o auxílio de sementes, nasceria uma imagem de forma espontânea. Caberia a cada autor ouvi-la e dar voz à sua forma. Essa se mostrou uma experiência intensa para cada um em sua singularidade.

Das variadas imagens surgidas, uma me capturou de forma específica, pois muito me identifiquei com seu sentido. Um dos autores materializou a imagem de um homem com a expressão de preocupação e tristeza com tudo o que tem visto em seus dias e tudo o que está por vir. Um detalhe, porém, saltou-me pela profundidade simbólica: os olhos eram feitos de sementes.

Tomei emprestada essa imagem para me compor neste ano: preocupada e entristecida com o que tenho visto, mas que eu não perca meus olhos de sementes pelas terras por onde eu passar.

O que é bom para lixo é bom para poesia: mito e poesia, sucata e Arteterapia

Publicado em 13/08/18

Todas as coisas cujos valores podem ser
disputados no cuspe à distância
servem para a poesia

O homem que possui um pente
e uma árvore
serve para poesia
...
As coisas que não levam a nada
têm grande importância

Cada coisa ordinária é um elemento de estima

Cada coisa sem préstimo
tem seu lugar
na poesia ou na geral

O que se encontra em ninho de joão-ferreira:
caco de vidro, grampos,
retratos de formatura,
servem demais para poesia

As coisas que não pretendem, como
por exemplo: pedras que cheiram
água, homens
que atravessam períodos de árvore,
se prestam para poesia

Tudo aquilo que nos leva a coisa nenhuma
e que você não pode vender no mercado
como, por exemplo,

o coração verde dos pássaros,
serve para poesia
...
Tudo aquilo
que a nossa civilização rejeita,
pisa e mija em cima,
serve para poesia
...
Pessoas desimportantes
dão para poesia
qualquer pessoa ou escada
...
O que é bom para o lixo é bom para poesia
...
As coisas jogadas fora
têm grande importância
– como um homem jogado fora

Manoel de Barros em "Matéria de Poesia"

O processo de gestação deste texto iniciou-se desde que li o texto "Série Olhares sobre os Mitos: 'Hécate e a sucata'", de Laila Alves de Souza, publicado no *blog* em junho. Na ocasião, Laila apresentou-nos a deusa Hécate, considerada sombria e infernal, sendo não ao acaso que ela tenha sido "esquecida do arcabouço dos mitos". Suas palavras me atravessaram:

> Hécate também está associada ao lixo, à podridão e aos restos. De acordo com Hillman, essa deusa "(...) torna sagrados os lixos da vida, de forma que tudo conta, tudo importa." (Hillman, 2013). Dessa forma, honrar essa deusa significa iluminar nossos lixos psíquicos, aquilo que não prestou para nossa casa egoica, ou seja, que apresenta característica desagradável e incompatível. (SOUZA, 2018)

Como tenho uma ligação muito forte com a poesia, automaticamente retomei o diálogo com um poeta muito querido, Manoel de Barros, visto que uma das características marcantes de sua escrita está em seu olhar singular para as coisas mais "desimportantes" da vida.

Esse diálogo vai mais além: enquanto Hécate possui "atributos que são considerados fétidos e feios para os olhos da consciência" (SOUZA, 2018), Manoel é capaz de escrever um poema chamado "Obrar":

> *Obrar não era construir casa ou fazer obra de arte.*
> *Esse verbo tinha um dom diferente.*
> *Obrar seria o mesmo que cacarar.*
>
> *Sei que o verbo se aplica mais a passarinhos*
> *Os passarinhos cacaram nas folhas nos postes nas pedras do rio nas casas.*
>
> *Eu só obrei no pé da roseira da minha avó.*
> *Mas ela não ralhou nem.*
> *Ela disse que as roseiras estavam carecendo de esterco orgânico.*
> *E que as obras trazem força e beleza às flores...*
> *A vó então quis aproveitar o feito para ensinar que o cago não é uma coisa desprezível.*
>
> *Eu tinha vontade de rir porque a vó contrariava os ensinos do pai.*
> *Minha avó, ela era transgressora...*
> *Daí que também a vó me ensinou a não desprezar as coisas desprezíveis*
> *E nem os seres desprezados.*
>
> Manoel de Barros em "Obrar"

Do diálogo entre Hécate e Manoel de Barros me nutri para algumas práticas em Arteterapia, individuais ou grupais, que estimulassem o olhar para tudo aquilo que parecia desprezível. Aquilo que seria descartado, jogado fora. Enfim, uma proposta para olharmos o lixo – objetivo e subjetivo, literal e simbólico, material e psíquico.

Sucata e(m) Poesia

Dou respeito às coisas desimportantes
e aos seres desimportantes...
Sou um apanhador de desperdícios:
Amo os restos
como as boas moscas.
Queria que a minha voz tivesse um formato de canto
Porque eu não sou da informática:
eu sou da invencionática.

Manoel de Barros em "O apanhador de desperdícios"

Uma das características de nossa contemporaneidade faz-se em um modelo materialista e consumista. Estamos acostumados aos "descartáveis" e todos os sentidos que esse termo contém. Pensar dessa forma acarreta uma série de desdobramentos, desde subjetivos, quando não investimos na "reutilização" e "reciclagem" de nossos conteúdos psíquicos mais profundos, até materiais, quando objetivamente entulhamos nosso planeta/casa de tudo o que entendemos que já cumpriu sua função em nossa vida.

O arteterapeuta, como um administrador de materiais, pode investir em uma conscientização e responsabilização daquilo que utiliza como recursos em seu *setting* arteterapêutico. Como uma prática cidadã, muitas vezes não precisará comprar materiais novos, mas, sim, ampliar suas percepções e reutilizar/reinventar aquilo que está à sua volta.

Além disso, essa é uma prática que coopera com o próprio arteterapeuta, que não deve entender que a Arteterapia só se faz com uma riqueza de materiais sobre a mesa. "O chão da vida" da prática arteterapêutica, principalmente em ambientes institucionais como escolas, hospitais, instituições de longa permanência etc., dá-se na falta de possibilidade de grandes investimentos financeiros em materiais, por parte da instituição e do próprio arteterapeuta. Na escassez de material, não se faz Arteterapia? Ao contrário, muitas vezes a realidade da vida não está na riqueza de materiais/possiblidades, e a verdadeira criatividade está justamente em criar a partir do (quase) nada.

Começando em nós mesmos, arteterapeutas, tal prática será uma transmissão de um movimento muito importante, necessário em nosso cenário social atual. Em um texto chamado "Reflexões sobre o 'simples' nas práticas da Arteterapia" defendi que:

> A realidade da clínica mostra-nos que vivemos em tempos de crise financeira, perdas sucessivas de poder aquisitivo, redução de possibilidades múltiplas sobre os quais nossos pacientes contam-nos com ar de frustração, derrota, e o discurso do "não posso" é a tônica.
>
> Então eu pergunto aos arteterapeutas, não seria justamente essa metáfora de vida que precisamos remontar em nossos *settings* terapêuticos? Diante do (que parece) pouco, para onde sua criatividade te leva? Ao que sua intuição te instiga? Quais possibilidades você pode se fazer enxergar diante do que tem à frente? (MORAES, 2018)

Aquecida por essas reflexões, levei para alguns espaços de trabalho o poema "Matéria de Poesia", e dispus, sobre a mesa, lixo. Se Manoel de Barros diz-nos que "O que é bom para lixo é bom para poesia", perguntei aos experienciadores da Arteterapia: "Onde está a poesia desses objetos que estão sobre a mesa? Que poesia você pode criar a partir daquilo que seria jogado fora? Quais recursos podemos utilizar e reaproveitar a partir do(s) lixo(s) na arte e na vida?"

Se o assunto era o "desinteressante" lixo, gratidão a Hécate, Manoel, Laila e participantes da Arteterapia que tanto me atravessaram para essa tão profunda reflexão até aqui e tantas outras que estão por vir.

Eu sei aproveitar os retalhos que a vida me dá

Publicado em 03/09/18

Sigo pensando sobre os materiais "desinteressantes". Em outro texto compartilhei algumas reflexões sobre o trabalho com sucata nas práticas da Arteterapia. Nesse contexto, outro material que me atravessa profundamente são os retalhos.

Meu diálogo com os retalhos iniciou-se há alguns anos, quando na clínica arteterapêutica deparei-me com uma senhora polonesa, que trazia em sua biografia a Segunda Guerra Mundial. Em um primeiro atendimento, dispus sobre a mesa uma série de materiais, dos mais variados estilos, tamanhos, formas, cores, texturas... E seus olhos pararam no saco de retalhos de papel. Iniciou-se seu processo arteterapêutico quando ela disse algo que nunca mais esqueci: "Eu sou uma criança da guerra. Eu sei aproveitar os retalhos que a vida me dá."

Sobre a história dessa grande mulher, em 2015 publiquei no *blog* uma "Exposição Virtual" de uma das fases de seus trabalhos: uma série de colagens com retalhos de seus sucessivos exames oftalmológicos.

Com ela aprendi a valorizar ainda mais os retalhos, "restos" de trabalhos dos pacientes que passam pela minha clínica. E assim vou alimentando a "caixa de retalhos" que compõe meu repertório de materiais. Dessa caixa (re)nasceram muitos trabalhos, histórias, (re)construções, na arte e na vida.

Neste texto compartilho algumas aplicações que a "caixa de retalhos" pode despertar. Em sua essência ela trará o convite ao integrar, recompor, recriar, reconstruir, reinventar, ressignificar; dessa forma, algumas demandas terapêuticas mostram-se como um pedido intuitivo para que o arteterapeuta promova o encontro desse material com o sujeito que fala.

Desconstruções

Uma das demandas que aparecem na clínica de forma recorrente são aqueles momentos em que o sujeito percebe que velhos modelos não se aplicam mais. O que parecia estabelecido como construções, relações, *status quo*, não está funcionando como antes. O tempo rodou, a roda viva passou, o mundo cresceu e a única possibilidade se dá em ser empurrado para fora da zona de conforto.

Tem dias que a gente se sente
Como quem partiu ou morreu
A gente estancou de repente
Ou foi o mundo então que cresceu
A gente quer ter voz ativa
No nosso destino mandar
Mas eis que chega a roda-viva
E carrega o destino pra lá

Roda mundo, roda-gigante
Roda moinho, roda pião
O tempo rodou num instante
Nas voltas do meu coração

Chico Buarque em "Roda Viva"

Uma vez constatado que aquelas expectativas não existem mais, restam seus fragmentos. É tempo de redescobrir e reconstruir novas possibilidades, novas composições, novos cenários.

É simbólico visualizar que aqueles fragmentos não foram produzidos pelo próprio sujeito, pois, análoga à vida, aquela desconstrução não era seu desejo. Nas palavras de Chico "A gente quer ter voz ativa, no nosso destino mandar, mas eis que chega a roda viva e carrega o destino pra lá".

Apropriar-se dos fragmentos de um desejo desconstruído e responsabilizar-se pela recomposição de um destino, esse é o processo.

Em meio ao caos

Em muitos momentos essa desconstrução não é feita de forma paulatina. Pelo contrário. A roda viva passa com toda sua fúria causando o verdadeiro caos. A morte de um ente querido, uma demissão inesperada ou mesmo a instalação de uma guerra.

Faz tempo que a gente cultiva
A mais linda roseira que há
Mas eis que chega a roda-viva
E carrega a roseira pra lá.
Roda mundo, roda-gigante,
Roda moinho, roda pião,
O tempo rodou num instante
Nas voltas do meu coração

Chico Buarque em "Roda Viva"

São momentos em que aquelas “lindas roseiras” que cultivamos com todo afeto e investimos de nós mesmos são carregadas abruptamente pela roda viva e instala-se o caos. Espanto, dor, raiva, “não palavra”.

Aqui uma referência histórica me ampara. A colagem adentrou oficialmente a História da Arte no início do século XX, um período marcado pela emergência da Primeira Guerra Mundial. Em meio ao advento da Arte Moderna, o Cubismo e o Dadaísmo foram movimentos artísticos que investiram de forma estrutural em seus processos com a colagem como expressão artística. Creio eu que assim:

> ... os artistas intuitivamente começavam, através da arte, a gerar movimentos que reverberariam no coletivo. Buscando algum possível, através da colagem os artistas fracionavam, selecionavam elementos fragmentados, rejuntavam, recompunham, reinventavam, ressignificavam. Processo que instiga a resiliência, individual e coletiva, movimentos que seres humanos atravessados pelas destruições das guerras, mais do que nunca, necessitariam acessar. (MORAES, 2017)

Nós no Brasil não temos a experiência cotidiana de uma guerra declarada, mas de forma não nomeada ela assombra-nos, sim, em forma de violências. Para além disso, nós somos sujeitos da guerra da vida. Uma vez que ela se apresenta e instala-se o caos, como aproveitar os retalhos que a vida nos dá?

Mas nem só de assombros vivem os retalhos. Eles também carregam memórias. Cada retalho que compõe a caixa tem os dedos, as histórias, a energia daqueles que o produziram. Cada forma foi desenhada por alguém e pode servir de subsídio para a (re)construção de um outro retalho.

Em alguns momentos, pessoas ensimesmadas pela dor adquirem uma visão egocentrada (com seu ego no centro). Para seu cenário, apenas um olhar, uma perspectiva, uma possibilidade (em geral pessimista).

Ampliar o olhar para a caixa de retalhos também significa buscar recursos em um espaço onde outras pessoas caminharam e para cuja construção contribuíram. Ali existem heranças simbólicas que podem ser acolhidas como verdadeiros ouros e integradas em um espaço encaminhado para o novo.

Seguindo meu diálogo com os "desinteressantes", quantas riquezas uma caixa de retalhos pode guardar...

Sobre o reaproveitamento de materiais em Arteterapia: o isopor

Publicado em 20/05/19

Neste ano tenho me dedicado mais profundamente à reflexão e busca de possibilidades quanto ao reaproveitamento de materiais nas práticas da Arteterapia. Esse tema vem me atravessando há algum tempo, porém mais assertivamente desde a publicação do texto "Série Olhares sobre os Mitos: Hécate e a sucata", de Laila Alves de Souza.

Dessa reflexão nasceram alguns textos e o encontro vivencial **"O que é bom para lixo, é bom para poesia"**, oferecido pelo "Não Palavra" em diversos espaços ao longo do ano. Nessa vivência refletimos sobre o tempo de escassez que estamos vivendo. Na escuta clínica ela se apresenta com frases como "não tenho", "não posso", "não há mais". Ao acreditarmos nesses imperativos limitantes, a vida vai se reduzindo, se empobrecendo. Mas a pergunta que se faz é: diante de tantas impossibilidades, o que ainda é possível? Diante de tanto "não ter", o que ainda temos?

Em Arteterapia essa reflexão também transborda para os materiais. Não estamos em tempos de mesa farta e isso não pode ser vivido como a impossibilidade do criar. Pelo contrário, aqui nasce o convite a uma outra criatividade, aquela que se faz a partir do muito pouco ou quase nada. Esse é o verdadeiro desafio de nossos tempos.

Nesse contexto, tenho pensado sobre possíveis materiais, os quais inicialmente seriam descartados, e por já terem cumprido sua função primordial, seriam jogados no lixo. Porém, se sairmos do movimento automático, dispensarmos um pouco de atenção e nos demorarmos a observar aquilo que em um primeiro olhar seria desinteressante e desimportante, quantas possibilidades e riquezas seriam descobertas!

Um dos materiais que mais ganho como sucata são bandejas de isopor e suas variáveis. São aquelas bandejas que servem de suporte de mercadorias, como pizzas, bolos, frios, carnes, frutas... Vale a pena observar esse material altamente descartável em nosso cotidiano. Embora o isopor seja considerado um material ecológico, já que não contamina o solo, a água e o ar, na natureza ele demora 150 anos a ser degradado. Mas um ponto positivo é que esse material é altamente reciclável e reaproveitável.

Cabe aqui o discernimento entre o que é reciclar e reaproveitar materiais. A reciclagem subentende o processamento de um item com o intuito de produzir um outro produto útil, como por exemplo as garrafas pet que podem se transformar em fibras de poliéster, o chamado "tecido pet". Já no reaproveitamento ou reutilização de materiais o item não é transformado em um novo produto, mas pode ser reaproveitado em diversas possibilidades de uso, como papéis que podem ser usados como blocos de rascunho ou garrafas que podem se tornar objetos de decoração.

Embora o reaproveitamento de materiais não colabore diretamente na questão dos resíduos, como a reciclagem, ele contribui enormemente para a gestão do lixo, reaproveitando uma matéria prima que seria facilmente descartada em lixões ou aterros. Sendo assim, ele age contra a cultura do desperdício e colabora para a redução da exploração de recursos naturais e para a produção de novos materiais.

O discurso do empobrecimento dos recursos é antagônico a uma das grandes preocupações ambientais da atualidade: o elevado consumo humano de produtos que são facilmente descartados, quando poderiam ser reutilizados. No entanto, são transformados apenas em lixo e poluição para nosso planeta.

Como arteterapeutas, trabalhamos essencialmente com materiais, e assim entendo que devemos pensar sobre como os estamos administrando. Se os utilizamos de forma sábia e sustentável ou se ainda operamos com a lógica da fartura, do consumo e do desperdício.

Esse é um terreno ainda novo para mim, mas tenho me dedicado à busca de novas alternativas e inspirações. Hoje compartilho algumas possibilidades que tenho explorado na reutilização de bandejas de isopor em minha prática arteterapêutica.

O isopor em técnicas de Arteterapia

Desenho

O isopor reage muito bem como suporte para desenho quando utilizado com pastel oleoso e seco. Nesse contexto ele pode substituir o uso do papel, alcançando um excelente resultado. E ainda é possível explorar sua forma original como superfície. Se redondo, serve como mandala. Em forma de bandeja é possível explorá-lo como superfície tridimensional: além do “dentro e fora”, contempla a altura, a largura e a profundidade.

Colagem

Para colagens diversas, a bandeja de isopor também pode ser utilizada como superfície análoga ao papel. Mas outra técnica interessante se dá com a possibilidade de quebrá-la em pedaços e dos fragmentos nascer uma nova forma e composição.

Quando a questão terapêutica gira em torno da palavra "quebra" – de padrões, de pensamentos, crenças e enrijecimentos diversos – o ato de quebrar e recompor sob novas combinações mostra-se um processo bastante simbólico dentro do *setting* arteterapêutico. Em um segundo momento, é possível explorar as cores dessa nova composição, na imagem e na vida.

Gravura

A gravura é uma imagem obtida através da impressão dos traços gravados em uma matriz. O material da matriz pode variar e é ela quem nomeará o tipo de gravura. Por exemplo, xilogravura é o nome que se dá para a impressão de uma imagem gravada em madeira. Litogravura é a impressão de uma imagem gravada em matriz de pedra.

No contexto do *setting* arteterapêutico, é possível reproduzir essa técnica gravando traços sobre a superfície do isopor com diversos materiais de corte, como palitos variados ou pregos. Uma vez que a matriz é preservada, a impressão pode ser feita e refeita inúmeras vezes em papéis com diferentes gramaturas e cores.

Esse trabalho é interessante ao proporcionar que o autor marque na superfície os traços que deseja deixar gravados, registrando ali a sua marca e, dessa forma, possa potencializar a manifestação daquilo que deseja transmitir para si e para "o mundo". Em um segundo momento, explorar diversas possibilidades de impressão a partir de uma mesma matriz mostra-se como uma experiência muito rica e bastante simbólica em uma jornada de autoconhecimento.

Enfim, o exercício do olhar que reaproveita os materiais (a princípio) descartáveis torna-se uma postura de vida. Ao compreendermos a profundidade desse hábito dentro do processo criativo, naturalmente conseguiremos enxergar com outros olhos muitos recursos antes negligenciados, seja na vida objetiva, seja também na subjetiva. Dessa forma é possível atravessar o tempo de escassez de outra maneira, experimentando outras possibilidades.

E você? Como reaproveita seus recursos materiais e psíquicos?

Os materiais e a intensificação do viver: expansão e limite

Publicado em 01/10/18

Tenho investido, em minha observação clínica sobre as singularidades de cada material, no que ele desperta especificamente naquele que o experimenta. Tenho pensado no arteterapeuta como "um promotor de encontros" entre o paciente/cliente e o material expressivo facilitador do seu processo de autoconhecimento e individuação.

Uma referência que constrói meu olhar são as palavras de Fayga Ostrower, quando defende que o criar é uma "intensificação do viver". Ouvir o pedido intuitivo pelo material pertinente para a intensificação do viver do sujeito que cria, eis a profundidade do ofício do arteterapeuta.

O estudo, a experimentação, a criação de intimidade com cada material fazem parte da construção do arteterapeuta, que só assim desenvolverá a destreza de oferecer os materiais (com riqueza de possibilidades) com naturalidade no momento do atendimento e da escuta clínica. Pois, como defende Cláudia Brasil:

> Todas as características dos materiais atingem diretamente quem usa, causando determinadas emoções que serão acolhidas na relação terapêutica. Entender essas características e as necessidades de cada pessoa é a chave para saber escolher o material adequado à situação. (BRASIL, 2013, pp 87-88)

De posse das propriedades de um determinado material, pode-se também dialogá-lo com outro que lhe faça alguma oposição. E aqui está o objeto deste texto.

Tenho observado em minha clínica pacientes em suas singularidades e biografias, trazendo questões inseridas no eixo flexibilizar/dar forma, diluir/dar contorno, expandir/dar limite. Em Arteterapia, o *setting* terapêutico configura-se como um espaço em que o paciente não "apenas" ***fala*** de sua questão, mas age sobre ela através do ato criativo, a partir do material pertinente à sua demanda. Nesse contexto, dois diálogos entre materiais mostraram-se eficazes em minha clínica:

Lápis Aquarelável e Canetinha

O lápis aquarelável tem-se tornado um grande instrumento em minha prática. Um material intermediário, inicialmente se dá como um material de desenho, portanto de controle. Mas, através dele, o autor deposita certa quantidade de pigmento no papel, que ao contato com o pincel umedecido será diluído, tornando-se pintura. Aquarelar significa acrescentar água, amolecer o que está enrijecido e seco, diluir, flexibilizar, expandir. Pela Psicologia Analítica ainda contamos com o simbolismo de entrar em contato com o elemento **água**, que aponta para o investimento da função sentimento.

Por outro lado, estruturante é também investir no elemento linha, que é aquele que dá forma, bordas, contornos, estabelece as fronteiras e os limites. Nesse momento, quando há necessidade de evitar misturas excessivas e transbordamentos, a canetinha desempenha o papel de ressaltar esse elemento.

O ponto de equilíbrio está na responsabilização (por si) pelo autor, de apossar-se de seu processo criativo (de individuação) e escolher conscientemente onde deve expandir e onde deve investir no contorno que estrutura. Pintar, preencher e expandir respeitando os contornos e limites que o próprio autor estabeleceu é o grande desafio.

Na maioria das vezes, tenho proposto esse diálogo de materiais e cores na forma da mandala, para encaminhar ainda mais para a proposta do equilíbrio, integração e harmonização dos movimentos de expansão e do estabelecimento de limites: movimentos opostos que se complementam.

Aquarela e Pastel Oleoso

Outra articulação de materiais interessante dá-se com a aquarela e o pastel oleoso devido às suas composições químicas:

> [O pastel Oleoso...] possui cores fortes, são fáceis de controlar... São viscosos pela **oleosidade presente em sua constituição.** (URRUTIGARAY, 2011, p 63)

> Como a aquarela é uma tinta resultante de pigmentos de várias cores misturados geralmente com goma arábica, ela precisa ser **dissolvida em água** para ser utilizada. Portanto, é a quantidade de água presente no pincel que determinará a variação de tons... (URRUTIGARAY, 2011, p 64)

O diálogo entre esses dois materiais proporciona o contato com dois elementos: água e óleo, que não se misturam e se respeitam. Assim, um não invade o espaço do outro e podem dialogar harmonicamente.

Através da aquarela, bem aguada, abre-se a oportunidade para a expansão dos gestos, traços e sentimentos, além das misturas e até mesmo nascimento de novas cores e possibilidades. O pastel oleoso atuará como traços de contorno, contenção, estrutura. Aqui vale ressaltar a importância de um pastel de qualidade para que o óleo/cera efetivamente possa fazer a barra. Vale também instrumentalizar o paciente, dizendo-lhe que quanto mais grosso o traço, mais eficaz será a borda. Nasce então o desafio de uma composição que integre os materiais e tantos movimentos físicos e psíquicos.

A articulação entre as demandas e quadros clínicos com os materiais em suas especificidades tem-se tornado uma grande motivação para as minhas observações e teorizações na Arteterapia. Confiando na potência do **processo** criativo como mobilizador do ser humano de forma integral – nos campos físico, psíquico, cognitivo e espiritual –, cada vez mais acredito que o criar age como fermento do processo de autoconhecimento. Pois como nos diz Fayga Ostrower:

> Cabe ter em mente que, na arte, o fazer equivale ao saber e o saber ao fazer. (OSTROWER, 1983, p 242)

Algumas reflexões sobre a música na Arteterapia clínica

Publicado em 09/10/17

> As aproximações com a música são... as mais ricas de ensinamentos. A música é, há muitos séculos, a arte por excelência para exprimir a vida espiritual do artista... Para o artista criador que quer e que deve exprimir seu universo interior... O som musical tem acesso direto à alma. E aí encontra, por que o homem tem "a música em si mesmo", um eco imediato. (KANDINSKY, 1990, p 35)

Tenho pensado sobre a utilização de expressões artísticas como estímulos projetivos para a clínica da Arteterapia. Já escrevi sobre alguns pintores que me atravessaram, como René Magritte, Piet Mondrian, Abraham Palatnik e Edward Hopper. Embora as artes visuais tenham-me instigado de forma singular nos últimos tempos, essas não são as únicas expressões artísticas que o arteterapeuta tem como instrumento clínico. Afinal, as técnicas projetivas são aquelas por meio das quais o cliente/paciente recebe um estímulo direcionado a algum dos cinco sentidos, e a partir dele fala o que percebe, pensa, sente. Naturalmente ali projetará conteúdos próprios, e, na sensação de falar de um terceiro, falará de si.

Quando abordamos estímulos projetivos auditivos, automaticamente podemos pensar em música. Existem inúmeros estudos que apontam uma profunda ligação entre música e emoção (deixo a sugestão para que os arteterapeutas pesquisem sobre esse tema para se apropriarem desses embasamentos). Na prática da Arteterapia, a música mostra-se bastante mobilizadora de afetos e memórias, e, nos últimos tempos, a propósito da minha clínica, tenho parado para refletir de forma especial sobre ela.

O texto de hoje se dá como articulações iniciais desse tema tão abrangente e potente em sua variedade de possibilidades como material para arteterapeutas.

Música: uma arte da cultura brasileira

Tenho pensado que talvez a música seja a expressão artística mais cotidiana e democrática de nossa cultura. Ela está presente nos mais variados ambientes frequentados em nosso dia a dia. É muito difícil encontrarmos alguém que não tenha qualquer relação com a música. Sendo assim, acredito que seja uma linguagem da arte bastante acessível àqueles que chegam para a clínica da Arteterapia, sobretudo para os que chamo de "pacientes leigos", que não têm qualquer histórico com as artes.

Dentre os artistas, talvez o músico seja o mais próximo, o que mais alcança o público na cultura brasileira. Tais reflexões foram aquecidas quando me lembrei de uma exposição que visitei em 2015, chamada "Música canta a República", no Centro Cultural dos Correios, RJ. A mostra continha fotografias, painéis, cartazes, áudios, vídeos e textos relacionados a 110 canções brasileiras de 1902 a 2002. Com diferentes gêneros musicais – maxixe, marchinhas, caipira, samba, MPB, rock, rap – que faziam referência a 80 temas políticos, como "Vargas no poder", "Democracia de massas", "Anos dourados?", "Ditadura e resistência", "Que país é esse" e "Eu só quero ser feliz".

Ao longo da exposição, porém, ficou claro que os temas não se resumiam à política, mas revelavam nossa história e a maneira como os artistas de nossa cultura, a partir de suas sensibilidades, a registravam. Nas palavras do curador da exposição:

> Não é só nos períodos de ditadura que teve música de protesto. **Existe uma tradição de crônica musical, não apenas sobre política, mas sobre comportamento, economia, cultura.** Desde a época do império e principalmente com o Carnaval, criou-se esse hábito de fazer música sobre os acontecimentos do ano anterior. **Então isso nos deu esta permanência e é o que nos distingue do resto do mundo...** Não há um fato, evento ou personagem que não esteja registrado na música. **Isso é uma coisa muito brasileira** que não fica só na trilha do humor, é também sátira, reclamação, protesto. Vladimir Sachetta *

Em meus estudos sobre a arte moderna, artistas e pintores europeus do século XX ganharam outro olhar quando compreendi que invariavelmente os movimentos artísticos e suas obras tratam-se de expressões e busca de caminhos possíveis para fatos marcantes daquele recorte histórico, como as duas grandes guerras. Assim, da mesma forma, podemos compreender a música como uma tradicional linguagem da arte que nos é própria como cultura brasileira, para expressão e busca de caminhos possíveis diante de nossa história e contexto sociocultural. Se fizermos um exercício de memória, poderemos citar um grande número de músicas que podemos considerar como registros de nossa história como brasileiros.

---

*Fonte: http://www.jb.com.br/cultura/noticias/2015/08/12/exposicao-a-musica--canta-a-republica-de-franklin-martins-e-inaugurada-no-rio/ (N. da A.)

Cabe aqui também o convite aos amigos do "Não Palavra" para aguçarem a escuta sobre a música brasileira produzida na atualidade – não importando se por artistas consagrados ou artistas de rua. O que nos tem dito a música brasileira de nossos tempos?

A MÚSICA NA CLÍNICA DA ARTETERAPIA: ALGUMAS PROPRIEDADES

- Você conserta meu coração?
- Concerto.
(desde então tudo foi música)

Zack Magiezi

A música é utilizada para fins terapêuticos desde os tempos ancestrais. Mas penso que se a compreendermos como expressão tradicional de nossa cultura, nós, arteterapeutas brasileiros, devemos nos aprofundar nesse estudo e nos instrumentalizar para oferecê-la aos nossos clientes/pacientes e ao social de forma consistente em sua infinidade de possibilidades e diversidade. Essa é uma expressão artística que dificilmente provocará resistência aos que chegam para clínica da Arteterapia, apresentando-se como uma oportuna porta de entrada para a sensibilização do paciente no contato com a arte.

As músicas instrumentais são muito estimulantes em várias dimensões. A partir de suas intensidades, potências, acordes maiores ou menores, servem de estímulos psicológicos e sensoriais que provocarão o ouvinte. Podem ser acionadas em casos de esvaziamento ou empobrecimento emocional para o acesso a memórias afetivas, sensações e sentimentos que aquecerão as reflexões terapêuticas. São estimuladoras também de variadas funções cognitivas, efeito interessante não apenas para crianças em desenvolvimento ou idosos para a prevenção/tratamento de declínios cognitivos, mas para seres humanos de forma geral:

> O processamento musical envolve uma ampla gama de áreas cerebrais relacionadas à percepção de alturas, timbres, ritmos, à decodificação métrica, melódico-harmônica, à gestualidade implícita e modulação do sistema de prazer... (MUSZAT)

Já as músicas que possuem letra podem ser exploradas em sua poesia, como recursos para um diálogo consigo mesmo, através de um "interlocutor" – o artista – que também será objeto de projeção do ouvinte. Como arteterapeuta invisto em minha própria discografia, coletando músicas que me atravessam em minha experiência de vida e que entendo que em algum momento poderão emergir como temáticas clínicas. Em algum momento posso estimular o paciente a trazer uma música que o toque, que lhe diga algo ou que faça parte da trilha sonora de sua vida. Se quisermos acessar uma música de forma espontânea, podemos utilizar o recurso da fantasia dirigida, no qual o paciente irá buscar por si próprio, por meio de mensagem de seu inconsciente, a música a ser investida.

A experiência de (re)ouvir aquela música dentro do *setting* arteterapêutico, em um ambiente suportado pela transferência, na companhia do terapeuta, certamente atualizará a relação do sujeito com a música e o provocará no caminho de elaboração de seus conteúdos.

Essas são algumas reflexões iniciais sobre o uso de músicas na prática da Arteterapia. Mas esse tema ainda está aquecido nos diálogos com interlocutoras da minha rede, pessoas que me instigam a pensar a Arteterapia.

A pintura na prática da Arteterapia: propriedades e aplicabilidades

Publicado em 11/06/18

A partir das perguntas trazidas por arteterapeutas colegas, alunos e supervisionandos, tenho me dedicado à "Série: Arteterapia Clínica", encontros nos quais estudamos sobre a prática da Arteterapia em atendimentos individuais. Tais encontros têm-se configurado em um ciclo de palestras por meio do qual estudamos embasamentos teóricos diversos, no campo "psi" e teorias da arte, as propriedades e especificidades da Arteterapia como procedimento terapêutico e estudo de casos clínicos. Penso que o aprofundamento desse estudo para o arteterapeuta que intenta trabalhar com a modalidade clínica seja estrutural, pois:

> ... o refinamento para a escuta clínica arteterapêutica é algo que é construído com o tempo de estudo e prática, pois se difere das modalidades semiestruturadas ou estruturadas, típicas de vivências pontuais ou propostas breves, oferecidas principalmente para grupos: aqui, parte do arteterapeuta um disparador inicial para que o paciente/cliente projete de si e crie a partir deste "estímulo externo". Na clínica, o arteterapeuta recebe um paciente, ouve a demanda daquele sujeito e a partir dessa escuta aciona algum material para oferecê-lo, sendo este um facilitador expressivo e mobilizador de atos criativos, na arte e na vida. (MORAES, 2018)

Nesse sentido, o manejo consciente dos materiais faz-se como a espinha dorsal do ofício do arteterapeuta: cabe a ele a escuta do seu paciente/cliente, pois esse já pede intuitivamente o material que lhe será facilitador expressivo e mobilizador do ato de criar em um sentido amplo. Assim, o arteterapeuta promoverá o encontro entre o sujeito que fala e o material pertinente, e através desse encontro ele seguirá seu caminho.

Em textos anteriores, comecei a publicar fragmentos desse ciclo de palestras para potencializar o compartilhamento de seu conteúdo para aqueles que embora estejam longe geograficamente, nutrem o desejo de estudar conosco.

No texto atual, a protagonista é a pintura, linguagem da arte tão próxima de nós e amplamente utilizada como técnica expressiva no *setting* arteterapêutico. Entretanto, mesmo tendo-a tão presente em nosso cotidiano, em Arteterapia cabe a reflexão sobre variados aspectos que a compõem como material.

Primeiramente, cabe ressaltar que a pintura pode ser utilizada como estímulo projetivo quando lançamos mão de um infindável acervo produzido por artistas ao longo da história. Tomando como princípio que os artistas possuem o dom de mergulhar nas funduras do inconsciente individual e coletivo, e traduzir na linguagem de seu tempo dando forma aos conteúdos mais profundamente humanos, naturalmente essas imagens farão eco ao fruidor, que os reconhecerá. Assim, o arteterapeuta poderá compor um repertório de obras de grandes artistas com potencial de dialogar com questões pertinentes em sua clínica. Em meu repertório pessoal, conto com imagens de René Magritte, Salvador Dali, Frida Kahlo, Edward Hopper e outros artistas, os quais apresento para meu paciente quando identifico uma ligação entre sua fala e uma obra artística, com o intuito de aquecer sua associação livre e elaborações. Essa é a maneira que utilizamos a pintura como projeção na clínica da Arteterapia.

Como processo, a oferta das tintas ao paciente/cliente possui suas propriedades e aplicabilidades, e algumas delas abordarei a seguir:

As propriedades

A pintura é uma técnica diluidora, de flexibilidade e não controle. O diálogo com a imagem coloca o autor em relação prioritaria com a cor, em detrimento da forma.

Todas as técnicas expressivas estimulam as quatro funções psíquicas descritas por Jung, mas, naturalmente, em cada uma delas, uma função específica torna-se protagonista. Na experiência da pintura, a função principal é a Função Sentimento.

Na relação com a cor o autor é acessado em seus sentimentos, emoções, sensações, afetos. Uma grande referência teórica que aqui nos embasa é a literatura de Kandinsky, pois, segundo ele, cada cor tem uma potência, uma vibração e provoca um impacto específico. Para ele, as cores têm a capacidade de agir como um estimulo sensorial e psíquico, **"são um caminho que serve para atingir a alma"**.

No manejo com o material associado à cor, o autor entra em contato com o elemento **água** que – quanto mais aguada for a tinta – proporcionará justamente a "expansão" do traço, a flexibilidade, a diluição e o não controle.

Cabe ressaltar também que a pintura é um processo criativo que instiga o "demorar-se", devendo ser utilizada quando se entende que há a necessidade de mergulho e aprofundamento no processo e na imagem.

O PROCESSO: VERBOS, AÇÕES E MOVIMENTOS EXTERNOS/INTERNOS

Colocar o sujeito na experiência com o material significa colocá-lo para agir sobre suas questões. Dessa forma, é interessante que o arteterapeuta atente aos "verbos" ou as ações que cada material proporcionará externa e internamente em seu paciente/cliente.

No processo da pintura, em relação à cor, as ações provocadas estão no campo do sentir, perceber, sensibilizar, expressar. Em relação à água, são estimulados os movimentos para umedecer, lubrificar, azeitar, amolecer, diluir, flexibilizar, expandir, dissolver, fluir, "transbordar", abrir mão do controle.

OS POTENCIAIS PERFIS DE PACIENTES/QUEIXAS, PALAVRAS-CHAVE

Promover o encontro com a pintura é interessante para pacientes/clientes que apresentam a necessidade e busca de expressão de sentimentos, sensações, conteúdos talvez tão profundos que ainda não possuem nome ou possibilidade de expressão verbal. As cores associadas aos sentimentos, e os movimentos corporais provocados por estes, servirão como linguagem expressiva.

Para aqueles que demonstram seus excessos, misturas, espalhamentos ou transbordamentos, escoar esse conteúdo para uma superfície externa, seja ela um papel, tela ou outros, promove um contorno, um tamanho. Esse processo de catarse inicial promove uma "diferenciação", a visualização desses conteúdos como se fosse um terceiro e que, como um espelho, encaminha-os para a conscientização e elaboração.

Já para os que apresentam enrijecimentos diversos, mas que a dinâmica fluida da vida convoca à capacidade de flexibilizar ou lidar com o não controle, o diálogo com as tintas promove a tolerância com as surpresas de traços que escapam das mãos e fogem daqueles idealizados racionalmente.

Em relação ao elemento água, podemos também explorá-la metaforicamente, em diálogo com aquilo que é trazido como "seco" ou "ressecado" – objetivo e/ou subjetivo, literal e/ou simbólico, corporal e/ou psíquico –, apresentando um material que traz em seu processo o "aguar".

Resistência

A prática mostra-nos que a proposta da pintura apresenta alguma resistência quando não há intimidade com o material, reforçada pela autoexigência de fazer uma imagem figurativa/símbolo. De fato, originalmente a pintura figurativa demanda alguma técnica para que a imagem se forme. E como arteterapeuta não tenho o procedimento de deslegitimar quando um paciente/cliente demonstra incômodo com sua criação, quando não se trata de resistência ao conteúdo acessado, mas, sim pela falta de intimidade com o material.

Penso que essa sensação deve ser acolhida e compreendida no sentido de que quando recebemos aqueles que chamo de "pacientes leigos", recebemos sujeitos que ainda "não aprenderam a falar" naquela linguagem (outra, que não é a verbal). Visualizo tais sujeitos como uma criança que ainda está em processo de formação de seu vocabulário. Não devemos esperar dela uma associação livre, mas, sim, acolher seus sentimentos e investir para que ela, passo a passo, se instrumentalize para se expressar.

Expressar-se através da arte, para quem não possui esse histórico, mostra-se como um processo de "alfabetização" para uma nova gramática. E esse é um caminho construído na companhia do arteterapeuta, que orientará o autor no que for necessário. Naturalmente, o arteterapeuta não é um professor de artes, porém faz parte do seu ofício instrumentalizar seu paciente/cliente sobre os materiais, encaminhando-o para a autonomia criativa na expressão por outras linguagens.

Nesse contexto, um caminho eficaz é apresentar o que os surrealistas chamavam de automatismo ou do que Susan Bello chama de Pintura Espontânea:

> ... o pintor recebe uma imagem ou inspiração e pinta sem saber... A ênfase é dada em ser fiel a suas emoções e abaixar o nível mental, para pintar a mente inconsciente sem preocupação com julgamentos de certo ou errado... As imagens interiores aparecem espontaneamente nas telas e tomam forma através das pinceladas. As pinceladas são expressões do mundo interior. Muitas vezes, depois que terminamos de pintar, não sabemos intelectualmente o que as pinturas significam, porque são registros visuais da psique, ainda não percebidos pela mente consciente. O símbolo vive na mente, com o propósito de integrar aspectos do inconsciente e da consciência. A men-

te consciente e a mente inconsciente estão trabalhando juntas, estão cocriando. (BELLO, 2007, pp 12-13)

Além dessas, mais uma vez tomo como referência a literatura de Kandinsky, que tanto teorizou sobre o caminho para a abstração com o intuito de expressar "emoções puras" através das cores e das formas. Apresentar as imagens abstratas para o autor e estimulá-lo a que as utilize na busca da expressão de seus sentimentos mostra-se um recurso muito potente na clínica da Arteterapia.

Quando um "paciente leigo" encontra a Arteterapia, recorrentemente diz a célebre frase: "mas eu não sei desenhar, eu só faço bonequinhos de palitinhos...!" Penso que o material de desenho – que por definição proporciona maior controle do traço – já se demonstra desafiador para aquele sujeito na produção de uma imagem figurativa; assim, as tintas mostram-se mais desconfortáveis ainda para aqueles que não possuem uma intimidade com a técnica da pintura. A prática mostra-nos que, nesse contexto, a introdução da pintura abstrata inspirada a partir da expressão das emoções, associando cores, movimentos e formas, apresenta-se como excelente porta de entrada para a pintura realizada pelo sujeito que cria dentro do *setting* arteterapêutico.

Conclusão

A partir dessas considerações, podemos concluir que a linguagem da pintura na clínica da Arteterapia apresenta-se como um processo menos racional, mais espontâneo, o qual será encaminhado para a expressão dos sentimentos e emoções mais puros daquele que deseja se expressar.

> A forma e a cor harmonizam-se para criar o quadro, segundo o Princípio da Necessidade Interior. Nasce então a obra de arte autêntica, a composição entra em contato "eficaz" com a alma humana, estabelece-se a ressonância. (SERS, *in* KANDINSKY, 1990, p 12)

Ao arteterapeuta cabe promover o encontro entre o autor e os materiais de pintura quando entender, a partir de sua escuta, que as tintas serão o material mais facilitador para essa profunda expressão.

A colagem na prática da Arteterapia: propriedades e aplicabilidades

Publicado em 30/04/18

Quando falamos em colagem, inicialmente podemos nos deparar com uma série de preconceitos, colocando-a como uma técnica infantilizada. Entretanto, ao estudarmos sobre a inserção da colagem na História da Arte, que se deu no advento da Arte Moderna com raízes no Cubismo, constatamos a profundidade dos simbolismos contidos nessa linguagem da arte inserida em seu contexto histórico e sociocultural. A contextualização da colagem na História da Arte faz com que o arteterapeuta conscientize-se da profunda herança simbólica que ela carrega a cada oportunidade de oferecê-la ao seu paciente/cliente. Neste texto não me aprofundarei nesse tema, mas deixo aqui a sugestão de pesquisa e estudo.

Outra percepção equivocada sobre a colagem acontece quando é vista como uma técnica simplória, propícia para fase inicial ou primária da experiência da Arteterapia. Tal percepção torna-se enganosa quando compreendemos que o fato de a colagem ter como benefício a não complexidade durante o ato criativo não minimiza o grande potencial que está contido em seu processo, podendo ser acessada em qualquer etapa do percurso terapêutico e explorada em diversas complexidades à medida da riqueza de materiais possíveis de serem utilizados.

O processo da colagem dá-se em dois tempos, riquíssimos em simbolismos, que remontam dinâmicas bem presentes na vida cotidiana: o primeiro refere-se à desconstrução, fragmentação, um caminho para a abstração; o segundo, a colagem propriamente dita, refere-se à (re)construção e (re) composição como um caminho possível diante dos fragmentos físicos e/ou subjetivos. Colocar o paciente/cliente de Arteterapia na experiência do primeiro tempo fica a critério do arteterapeuta, tendo em vista se o sujeito necessita vivenciar o processo de desconstrução. Mas se ele já se encontra "fragmentado" somente há sentido na vivência do segundo tempo.

A partir da prática e observação clínica é importante destacar alguns aspectos sobre a colagem:

As propriedades

A colagem é uma técnica estruturante e de controle. No diálogo com a imagem, coloca o sujeito em relação prioritaria com a forma, em detrimento da cor.

Todas as técnicas da Arteterapia estimulam as quatro funções psíquicas descritas por Jung, mas naturalmente, em cada uma delas, uma função específica torna-se protagonista. Na experiência da colagem, a principal convidada é a Função Pensamento.

No primeiro tempo, é trabalhada a desconstrução, fragmentação, quebra do estabelecido, o "abrir mão": experiências que não raras vezes a vida impõe de forma avassaladora na biografia de um sujeito. Entretanto, no segundo tempo, é proporcionada a experiência do controle: as linhas/traços são feitos com a tesoura; o processo envolve escolher, delinear, compor; a composição estimula a organização de múltiplos elementos, associações entre as partes, integração do fragmentado; a imagem estrutura-se através dos contornos, limites, localização, circunscrição, tamanho definido.

O PROCESSO: VERBOS, AÇÕES E MOVIMENTOS EXTERNOS/INTERNOS

Colocar o sujeito na experiência com o material significa colocá-lo para ***agir*** sobre suas questões. Dessa forma, é interessante ao arteterapeuta manter-se atento aos "verbos" ou às ações que cada material proporcionará externa e internamente em seu paciente/cliente.

No processo da colagem, no primeiro tempo, podemos destacar verbos como quebrar, fragmentar, cortar, desconstruir, destruir, decompor.

No segundo tempo, escolher, selecionar, priorizar, ordenar, planejar, organizar, reunir, integrar. Encontrar um "novo possível" (às vezes "não belo", não harmonioso, não equilibrado). (Re)compor, ressignificar, reinventar(-se).

OS POTENCIAIS PERFIS DE PACIENTES/QUEIXAS, PALAVRAS-CHAVE

É interessante que o primeiro tempo seja proporcionado a sujeitos enrijecidos em seus pensamentos, sentimentos, perspectivas, desejos ou construções, a quem a vida apresenta a necessidade de descontruir-se para reconstruir-se, ou seja, a necessidade de flexibilidade, lidar com o não controle sobre a vida.

O segundo tempo deve ser proposto àqueles em quem já houve a desconstrução, como cenários de perdas e/ou traumas, quando se encontra um ego fragmentado. Para pacientes/clientes que apresentam desorganização, falta de equilíbrio, de contornos e limites, excessos, misturas, espalhamentos, transbordamentos de conteúdos, pensamentos, sentimentos.

Vale ressaltar que, ao contrário das ideias simplórias sobre a colagem, tais descrições encaixam-se em qualquer momento de vida e, consequentemente, em qualquer estágio do processo terapêutico.

Pouca resistência

Uma das grandes qualidades da colagem como técnica arteterapêutica dá-se por não demandar grande histórico ou intimidade com o fazer artístico: os elementos já estão prontos, devem "apenas" ser selecionados e compostos. Sendo assim, é uma técnica propícia para os primeiros contatos com as técnicas expressivas, excelente porta de entrada para outras linguagens além da verbal, para o mundo das imagens e para o ato de criar, nas modalidades individual ou grupal.

Inicialmente, trabalhos com figuras de revista mostram-se os mais indicados, pois as imagens com tanto potencial projetivo estão postas para ser manejadas a partir da subjetividade de cada um. Mas, à medida do aprofundamento da intimidade com o criar, abre-se ao arteterapeuta um campo para a ampliação dos materiais, como papéis de variadas cores, estampas e texturas, além de tecidos e aviamentos. É possível ampliar ainda mais e vir a atualizar qualquer material "estranho", à inspiração de Picasso, considerado...

> ... o descobridor da colagem, a qual pode ser descrita como a incorporação de qualquer material **estranho** à superfície do quadro... fragmentos de jornais, maços de cigarro, papéis de parede e tecidos estão relacionados com a nossa vida cotidiana; identificamo-los sem esforço e... formam parte de nossa experiência no mundo material que nos cerca... (GOLDING, *in* STANGOS, 2000, p 54)

Nessa perspectiva, cabe ao arteterapeuta fugir do senso comum e enriquecer ao máximo as possibilidades de materiais para colagens em seu ateliê. É possível também estimular que o próprio paciente/cliente invista (de si) em coletar seu próprio material. Como referência na História da Arte, temos as assemblagens de Kurt Schwitters e sua *Merz Art*, vistas como uma espécie de colunas, quase tótens, feitas de coisas encontradas ao acaso e acrescidas às outras, dia após dia. Uma composição de tudo o que por acaso caiu sob suas vistas ou esteve ao alcance da mão, chamou sua atenção por um instante, ocupou sua vida por algum momento – passagens usadas de bonde, pedaços de cartas, barbantes, rolhas, botões etc. Com o objetivo de criar relacionamentos entre as coisas do mundo, os elementos recolhidos que haviam sido descartados pela sociedade por não servirem mais, por terem cumprido suas funções, agora combinados por serem "vividos", comporão o quadro.

Repetição Criativa

O tempo de elaboração da clínica individual é singular e caminha ao ritmo do sujeito. Sendo assim, na prática, não há necessidade de trocar de material a cada sessão, mas, pelo contrário, manter-se em diálogo com um material e uma técnica (demorar-se, algo que se tem perdido em nossa contemporaneidade) proporciona o aprofundamento das reflexões e dos movimentos externos/internos.

> *Repetir, repetir – até ficar diferente. Repetir é um dom do estilo.*
>
> Manoel de Barros

A colagem, em sua diversidade de possibilidades em propostas e materiais, é uma excelente técnica que proporciona por tempo estendido a oportunidade da repetição para a elaboração: não a repetição obsessiva, mas a "repetição criativa" que possibilita retificações ao longo do processo de autoconhecimento.

Estimulação cognitiva

Um dos benefícios da Arteterapia no trabalho com idosos acontece porque, de forma criativa, lúdica, leve e convidativa, os pacientes/clientes estimulam as mais variadas funções cognitivas como atenção, concentração, memória, linguagem, funções executivas, praxia, abstração. A estimulação cognitiva é um imperativo da gerontologia, e no processo da colagem isso se dá de forma especial, acionando diversas funções cognitivas para a resolução da composição da imagem.

Independentemente, porém, da faixa etária, a colagem pode ser encaminhada para qualquer contexto em que o arteterapeuta pretenda estimular a busca de soluções, o reconhecimento dos recursos, a criação de estratégias e suas execuções, além de trabalhar a proatividade e o pensar fora da caixa, principalmente quando explorada a pluralidade de materiais.

Materiais de apoio

Conforme a ampliação dos materiais utilizados na colagem, inclusive caminhando para a assemblagem, o arteterapeuta deve atentar para dispor em seu ateliê materiais de apoio que deem sustentação para o processo criativo e o encontro de soluções por parte do sujeito. É essencial disponibilizar bases resistentes como papelão, papel paraná, cartão *kraft* grosso (de cor parda), papel duplex ou triplex (de cor branca), madeira, tela... Deve-se dispor também de materiais para colar diferentes elementos, como cola cascorez, cola quente, fita crepe, grampeador, arame, gominha, tachinha, tachinhas tipo bailarina, prego...

Vale ressaltar que a pluralidade de materiais usados na colagem, em geral, envolve materiais de baixo custo ou até mesmo reaproveitados. Esse é um dado que vai ao encontro da realidade prática de arteterapeutas que possuem poucos recursos de investimentos para materiais, como em trabalhos institucionais que não dispõe de recursos para manutenção do material.

Herança Simbólica

Na contramão de ideias preconcebidas que colocam a colagem como uma técnica simplória, o aprofundamento do estudo sobre sua história e sobre o potencial mobilizador de seu processo empodera o arteterapeuta para seu manejo no *setting* arteterapêutico.

É importante que ele esteja seguro de que o ato criativo da colagem possui uma profunda herança simbólica, que atualiza, nos materiais, movimentos de vida que demandam o (re) criar, o (re)construir e o (re)inventar, encaminhando o sujeito para uma "resiliência criativa", às vezes imperativa para o atravessamento de uma biografia.

Porque a vida, a vida, a vida, a vida só é possível se reinventada.
Cecilia Meireles em "Reinvenção"

Conclusão

Diante dos conteúdos citados, que ainda encontram-se em aberto, concluímos que a colagem mostra-se uma técnica com riquíssimas possibilidades e imenso potencial na prática da Arteterapia, cabendo ao arteterapeuta aprofundar-se em seu estudo histórico e prático, além de investir em explorar sem reservas suas tantas variações em possíveis propostas, aplicáveis em todo e qualquer estágio do processo arteterapêutico.

A escultura na prática da Arteterapia: propriedades e aplicabilidades

Publicado em 30/07/18

Em textos anteriores venho compartilhando fragmentos do ciclo de palestras "Série Arteterapia Clínica", o qual venho me dedicando a oferecer em diversos espaços no Rio de Janeiro, e, a partir do segundo semestre de 2018, em São Paulo.

Nesse ciclo estudamos o manejo dos materiais de forma consciente, pois esse se configura como a espinha dorsal do ofício do arteterapeuta: promover o encontro entre o paciente/cliente e o material pertinente como facilitador de seu processo.

Neste texto, a protagonista é a escultura, uma arte que representa ou ilustra imagens plásticas em relevo total ou parcial. É considerada a 4ª das artes clássicas. A escolha do material normalmente implica a técnica a se utilizar. O cinzelamento acontece quando de um bloco de material retira-se o que excede a figura, utilizando ferramentas de corte próprias, como em sabonetes e velas; ou a modelagem, quando se agrega material plástico até conseguir o efeito desejado, como a argila ou sucata.

Não entraremos no mérito dos materiais e técnicas específicos, mas falaremos de forma ampla das aplicabilidades e propriedades das produções que se estabelecem como **tridimensionais.**

As propriedades

A escultura é uma técnica construtora, estruturante. No diálogo com a imagem, coloca o autor em relação prioritária com o volume, o tridimensional.

Todas as técnicas expressivas estimulam as quatro funções psíquicas descritas por Jung, mas, naturalmente, em cada uma delas uma função específica torna-se protagonista. Na experiência com a escultura, a Função Sensação tem a primazia e proporciona o contato com o elemento **terra**.

Estimula a percepção sensorial, pois lida com muitas variáveis, como peso, equilíbrio, proporção, texturas...

Trabalha estrutura, pragmatismo, tentativa e erro, além de ser bastante mobilizadora de movimentos físicos, cognitivos e psíquicos.

Outra propriedade bastante intrigante do objeto tridimensional é a possibilidade de deslocar o olhar, de explorar outras perspectivas, obter novas percepções de um mesmo objeto, cenário ou imagem, bastando para isso movimentar-se.

O processo: verbos, ações e movimentos externos/internos

Colocar o sujeito na experiência com o material significa colocá-lo para ***agir*** sobre ele em suas questões psíquicas. Dessa forma, é interessante ao arteterapeuta atentar aos "verbos" ou às ações que cada material proporcionará externa e internamente em seu paciente/cliente.

As ações provocadas no processo da escultura são: estruturar, construir, reconstruir, edificar, concretizar, materializar. Dar corpo, fazer crescer, levantar, ficar em pé, erguer, verticalizar. Buscar soluções, formar estratégias, executar, realizar. "Batalhar", persistir.

Nas palavras de Cláudia Brasil:

> Modelar é erguer, é sair de uma única dimensão. Construir algo que sai do papel, que anima, tem vida e se manifesta para além do horizontal. Na modelagem, há a possibilidade de verticalizar, de tornar-se mais humano na relação com a imagem. Criar uma imagem que poderá ter volume, poderá ficar em pé ou sentada. Modelar algo que será útil ou que participará mais ativamente de um diálogo. (BRASIL, 2013, p 138)

Os potenciais
Perfis de pacientes/queixas, palavras-chave

Promover o encontro com a escultura é interessante para pessoas que demonstram dificuldades na transição entre o "abstrato" e o concreto; o idealizar e o concretizar; o pensar e o fazer; "cabeça" e "mãos".

Para aqueles que se apresentam em um momento de vida ou necessidade de construir algo para (em) si.

Aos que diante do "criar"/realizar acionam diversas resistências, autossabotagens como preguiça, procrastinação, inseguranças, "travas".

Estimulação cognitiva

Um dos benefícios da Arteterapia no trabalho com idosos acontece porque de forma criativa, lúdica, leve e convidativa os pacientes/clientes são estimulados nas mais variadas funções cognitivas como atenção, concentração, memória, linguagem, funções executivas, praxia, abstração. A estimulação cognitiva é um imperativo da gerontologia, e no processo da escultura isso se dá de forma bastante desafiadora, por agregar muitas outras variáveis e complexidades, ao emergir do bidimensional para o tridimensional.

Independentemente, porém, da faixa etária, a escultura é encaminhada para qualquer contexto em que o arteterapeuta intente estimular a busca de soluções, o reconhecimento dos recursos, a criação de estratégias e suas execuções, além de trabalhar a proatividade, o pensar fora da caixa, em especial quando explorada a pluralidade de materiais.

Resistências

É essencial sublinhar que o processo de construção do tridimensional não é indicado para pacientes iniciantes na Arteterapia, aqueles que chamo de "pacientes leigos" e "não alfabetizados" nas técnicas artísticas. Pois:

> A modelagem em Arteterapia só deve ser utilizada depois de algumas experiências no plano bidimensional... Esta precaução deve-se ao fato que esta linguagem plástica oferece algumas dificuldades operacionais e inaugura as experiências no plano da tridimensionalidade, envolvendo desafios de organização espacial e capacidade de formar estruturas, e mantê-las em equilíbrio, além de intensificar a experiência com o tato, envolvendo sensações com texturas e relevos. (PHILIPPINI, 2009, p 72)

É de importância vital também que o arteterapeuta tenha tido sua própria experiência e prática com o material para que esteja íntimo com ele, podendo oferecer sustentação e segurança ao paciente nesse processo tão desafiador em tantos aspectos.

Materiais de apoio

Conforme a ampliação dos materiais utilizados na escultura, o arteterapeuta deve atentar para dispor em seu ateliê de materiais de apoio que deem sustentação para o processo criativo e o encontro de soluções por parte do autor.

É essencial disponibilizar bases resistentes como papelão, papel paraná, cartão *kraft* grosso (de cor parda), papel duplex ou triplex (de cor branca), madeira, tela...

Deve dispor também de materiais para colar diferentes elementos, como cola cascorez, cola quente, fita crepe, grampeador, arame, gominha, tachinha, tachinhas tipo bailarina, prego...

Materiais intermediários, que promovam relevo

Para pessoas que demonstram alguma dificuldade – não técnica ou cognitiva, mas psíquica – para compor uma imagem tridimensional, um bom caminho é explorar materiais intermediários que as colocarão em contato paulatino com o processo de sair do bi para o tridimensional, com propostas que estimulam texturas e relevos, colagens como o *papier collé*/papelagem ou com barbantes e fios, desenhos com arame, pinturas com massinha e o que mais couber na criatividade do arteterapeuta.

Conclusão

A modelagem no trabalho arteterapêutico ativa e intensifica processos de compreensão devido ao grau de concretude das produções plásticas obtidas através desta linguagem, pois sua aparência é muito mais real que as experiências do plano bidimensional, em consequência de peso, volume, textura etc... Trata-se de atividade que aponta com clareza as distorções nas proporções, as dificuldades na estruturação, os problemas no equilíbrio. Esta concretude da produção propicia *insights* mais rápidos, estimula processos de autoconhecimento, em tempo e intensidade, nem sempre possíveis nas experiências expressivas do plano bidimensional. (PHILIPPINI, 2009, pp 78-79)

As técnicas de construção em Arteterapia... são as mais complexas. Demandam simbolicamente a consciência e a integridade de uma estrutura interna organizada, coesa e bem introjetada. Esta estrutura interna abrangerá percepção e eixo, centramento, integração entre segmentos e, se esse equilíbrio não estiver sendo percebido internamente, não poderá ser expresso fora. Na produção simbólica, o mesmo poderá ser aprendido e reaprendido nos erros e nos acertos de tentar edificar e de constatar que nem sempre as próprias concepções de equilíbrio resultam acertadas. A materialidade sempre apresentará de modo óbvio estas dificuldades, e atravessá-las e resolvê-las permitirá que, analogamente, processos emocionais se reorganizem. (PHILIPPIN, 2009, p 88)

REFERÊNCIAS

BELLO, S., PhD. *Pintando Sua Alma: Método de desenvolvimento da personalidade criativa*. Rio de Janeiro: Wak, 2007.

BRASIL, C. *Cores, formas e expressão: Emoção de lidar e Arteterapia na Clínica Junguiana*. Rio de Janeiro: Wak, 2013.

HILLMAN, J. *O sonho e o mundo das trevas*. Petropólis, RJ: Vozes, 2013.

KANDINSKY, W. *Do Espiritual na Arte*. São Paulo: Martins Fontes, 1990.

MORAES, E. *Pensando a Arteterapia*. Divino de São Lourenço: Semente Editorial, 2018.

__________. "Reflexões sobre o 'simples' nas práticas da Arteterapia". Blog Não Palavra, 2018.

_________. "Uma arte que nos salve da loucura destes tempos: Dadaísmo e Arteterapia". Blog Não Palavra, 2017.

__________. "Série arteterapia clínica: o arteterapeuta, um promotor de encontros". Blog Não Palavra, 2018.

MUSZKAT, M. "Música, neurociência e desenvolvimento humano". Disponível em: http://www.amusicanaescola.com.br/pdf/Mauro_Muszkat.pdf Acesso em 22/09/19.

OSTROWER, F. *Criatividade e processos de criação*. Petrópolis: Vozes, 2014.

____________. *Universo da Arte*. Rio de Janeiro: Campus, 1983.

PHILIPPINI, A. *Linguagens e Materiais Expressivos em Arteterapia: uso, indicações e propriedades*. Rio de Janeiro: Wak, 2009.

SOUZA, L. A. "Série Olhares sobre os Mitos: Hécate e a sucata". Blog Não Palavra, 2018.

URRUTIGARAY, M. C. *Arteterapia: A transformação pessoal pelas imagens*. Rio de Janeiro: Wak, 2011.

A PRÁTICA DA ARTETERAPIA

As Cores em Arteterapia

Cor, alma, corpo

Publicado em 08/10/18

> Passem-se os olhos por uma paleta coberta de cores... O olho sente a cor. Experimenta suas propriedades, é fascinado por sua beleza... Quando penetra profundamente, desperta outras impressões cada vez mais fortes e pode deflagrar toda uma cadeia de eventos psíquicos... (KANDINSKY, 1990, p 63)

Ao longo do ano estive envolvida com algumas pesquisas e experimentações entre teorias da arte e a Arteterapia. Dentre elas, sobre os elementos visuais, principalmente as cores. Desde o início da minha vida profissional, pelo fato de trabalhar com planos de saúde, fui desafiada ao atendimento de pessoas dos mais variados estilos, idades, origens, escolaridades, religiosidades... O ponto em comum, basicamente, era a falta de intimidade ou qualquer contato com a arte e a expressão através dela. Desde cedo percebi que precisava buscar estímulos de fácil acesso, compreensão e identificação de forma "democrática", com potencial de alcance à pluralidade humana, e assim nasceu meu namoro com as teorias e história da arte. Kandinsky propunha:

> ... uma evolução da **arte** afastada das redundâncias do materialismo para se tornar **um instrumento com o qual se comunicam emoções "puras"** obtidas por meio do **impacto sensorial e psíquico de formas e cores**. (ESMANHOTTO, 2011, p 20)

Desde que conheci Kandinsky, tenho pensado, estudado e utilizado as cores como um potencialíssimo estímulo sensorial e psíquico na clínica da Arteterapia. Afinal, Kandinsky propunha algo que podemos considerar um dos pilares para o nosso trabalho.

"Comunicar emoções puras", esse é um dos pontos orientadores quando escolho oferecer cores aos meus pacientes. Desenvolvi o estilo de associá-las a algumas poesias que foram me atravessando ao longo da minha caminhada, até que há alguns meses estruturei o ciclo "Poesias e Cores", o qual venho aplicando em grupos arteterapêuticos que sustento.

Neste texto inicio uma série em que compartilharei citações de três autores que têm me embasado nesta pesquisa e construção de trabalho. Aqui, o pai de todos, Wassily Kandinsky. Em seguida, Fayga Ostrower, e, por fim, uma autora da Arteterapia propriamente dita, Maria Cristina Urrutigaray.

KANDINSKY: COR, ALMA, CORPO

Em seu livro *Do Espiritual na Arte*, Kandinsky teoriza sobre o caminho para a abstração e a potência expressiva das cores e das formas na pintura. Para ele, a cor tem um acesso direto à alma:

> A cor... é o meio de exercer sobre ela [a alma] uma influência direta. A cor é a tecla. O olho, o martelo. A alma é o piano de inúmeras cordas. Quanto ao artista, é a mão que, com a ajuda dessa ou daquela tecla, obtém da alma a vibração certa. É evidente, portanto, que a harmonia das cores deve unicamente basear-se no princípio do contato eficaz... Princípio da Necessidade Interior. (KANDINSKY, 1990, p 66)

Kandinsky propunha uma inversão no ato de criar: crítico de uma arte extremamente técnica, que tinha um olhar voltado para as demandas exteriores, defendia o resgate de uma arte em que o único princípio norteador para a criação fosse a "necessidade interior" do artista. Para isso, utilizaria a vibração psíquica provocada por cada cor que atingiria a alma, e essa, diretamente ligada ao corpo, imporia a ele uma ação. Cor, alma, corpo, seria esse o fluxo do pintar. Em suas palavras:

> **A cor provoca, portanto, uma vibração psíquica.** E seu efeito físico superficial é apenas... **o caminho que lhe serve para atingir a alma... Estando a alma estreitamente ligada ao corpo, uma emoção qualquer sempre pode, por associação, provocar nele outra que lhe corresponda...** A cor... desperta a lembrança de outro agente físico que exerce sobre a alma uma ação... (KANDINSKY, 1990, p 64)

Para Kandinsky, trazer cor estava intimamente ligado a trazer vida. Em uma passagem de seu livro, faz referência ao pintor impressionista Cézanne, exaltando-o sobre a potência de sua obra, que, ao ressaltar a cor, dava vida aos objetos:

> [Cézanne] Elevou a "natureza morta" ao nível de objeto exteriormente "morto" e interiormente vivo. Tratou os objetos como tratou o homem, pois tinha o dom de descobrir a vida interior em tudo. **Captura-os e entrega-os à cor. Recebem dela a vida – uma vida interior.** (KANDINSKY, 1990, p 50)

Em Kandinsky as cores e os movimentos corporais que acabarão por gerar registros através das formas serão o caminho para a expressão de "emoções puras", muitas vezes ainda impossíveis de serem expressas em palavras. Quando recebo um paciente tomado por uma emoção a qual tenta e tenta "explicar", mas as palavras são ineficientes, logo lanço mão da inspiração em Kandinsky. Peço que o paciente entre em contato com aquela emoção. Que perceba como ela o afeta, psíquica e corporalmente. Pergunto quais são as cores que essa emoção lhe traz: cores quentes/frias, claras/escuras, fortes/tons pastel. Em seguida, peço que perceba os movimentos que aquele sentimento provoca: movimentos para dentro/para fora, movimentos arredondados/retilíneos, fortes/fracos...

Por fim, peço que explore o espaço do papel a partir das cores, movimentos e formas. Abre-se assim a expressão de emoções profundas, ainda sem nome, mas que através da linguagem pictórica se constela.

O CAMINHO PARA A ABSTRAÇÃO

Sou livre para o silêncio das formas e das cores.
Manoel de Barros

Na prática da Arteterapia, Kandinsky me orienta quando me deparo com pacientes extremamente esvaziados, empobrecidos, ensimesmados, como deprimidos graves. Esse perfil de pacientes apresenta grande resistência à expressão verbal, e a arte comparece como um caminho possível. A possibilidade de expressar-se sem o imperativo da palavra ou até mesmo da imagem figurativa tem efeito aliviador ou, parafraseando

Manoel de Barros, abre-se a liberdade para o "silêncio" das formas e das cores. Dessa maneira, observo que nasce uma abertura no processo criativo, para maior exploração dos materiais e do espaço disponível no papel.

Kandinsky ensina-nos também que a cor tem um acesso direto à alma e provoca uma vibração psíquica. Essa vibração atinge a dimensão corporal, o que gera movimento em um sujeito embotado. A arte, assim, alcança o ser humano de forma integral, nas dimensões psíquica, física e espiritual.

Por fim, contamos com a cor para o movimento de gerar lampejos de vida em alguém aparentemente "morto". No chão da clínica recebemos sujeitos "exteriormente mortos", mas como arteterapeutas podemos capturá-los e entregá-los à cor. A cada criação, dela receberão vida, redescobrindo assim uma vida interior.

A importância da experiência

Publicado em 29/10/18

Há momentos
em que a cor nos modifica os sentimentos,
ora fazendo bem, ora fazendo mal;
em tons calmos ou violentos,
a cor é sempre comunicativa,
amortece, reaviva,
tal a sua expressão emocional.

Gilka Machado em "Emotividade da cor"

Há algumas semanas iniciei uma série de textos da qual compartilho alguns fragmentos do meu estudo sobre as cores e aplicações em minha prática arteterapêutica. No primeiro texto, o teórico protagonista foi Kandinsky, que defende que a cor exerce sobre a alma uma influência direta, provocando uma vibração psíquica.

Outra artista que alimenta minha pesquisa é Fayga Ostrower, que em seu livro *Universo da Arte* discorre sobre os cinco elementos da linguagem visual:

> Há um dado deveras interessante! Se fôssemos perguntar de quantos vocábulos constitui-se a linguagem visual, de quantos elementos expressivos, a resposta seria: de cinco. São cinco apenas: a linha, a superfície, o volume, a luz e a cor. Com tão poucos elementos, e nem sempre reunidos, formulam-se todas as obras de arte, na imensa variedade de técnicas e estilos. (OSTROWER, 1983, p 65)

Nessa perspectiva, tenho como projeto aprofundar-me em cada um desses elementos, atualmente me debruçando sobre a cor. Conforme defende a autora "cada elemento visual configura o espaço de um modo diferente" (OSTROWER, 1983), sendo assim é estrutural conhecermos as propriedades de cada um deles:

> Se compararmos, por exemplo, linhas com cores, sentimos de imediato o clima expressivo diferente. Enquanto que a linha evoca toda uma ambiência intelectual, **a cor é antes de tudo sensual.** (OSTROWER, 1983, p 68)

No Capítulo X do livro, intitulado "Cor", Fayga constrói um percurso pelas cores, defendendo que esse tema é "uma questão de relacionamentos e não de cores isoladas... O importante é entender que com poucas cores básicas – e sempre as mesmas – é possível estabelecer relações diferentes (OSTROWER, 1983)." Fayga aborda questões como tonalidades, cores primárias e secundárias, cores quentes e frias, cores opostas e complementares, que serviram como um embasamento para o percurso de experimentação das cores no ciclo "Cores e Poesias" que tenho oferecido em grupos arteterapêuticos.

Sublinho aqui **a importância da experiência com as cores,** pois, nas palavras da autora:

> A cor caracteriza-se pela carga de sensualidade que lhe é inerente. Ao vê-la diante de nós... é que podemos dar-nos conta de o quanto nosso conhecimento anterior, através das informações verbais, fora intelectual... Por maior que seja nossa

experiência prática, **uma coisa é imaginar cores, e outra, completamente diferente, é percebê-las... Há uma excitação dos sentidos, que é própria da cor e que não existe em nenhum outro elemento visual.** (OSTROWER, 1983, p 236)

POESIAS E CORES: APLICABILIDADES PARA A ARTETERAPIA

... Lançai olhares investigadores
para a mancha dos poentes:
há cores que são ecos de outras cores,
cores sem vibrações, cores esfalecentes,
melodias que o olhar somente escuta,
na quietude absoluta,
ao Sol se pôr...
Quem há que inda não tenha percebido
o subjetivo ruído
da harmonia da cor?
(...)
— A Cor é o aroma em corpo e embriaga pelo olhar.
Cor é soluço, cor é gargalhada,
cor é lamento, é suspiro,
e grito de alma desesperada!
Muitas vezes a cor ao som prefiro
porque a minha emoção é igual à sua:
— parada, estatelada
dizendo tudo, sem que diga nada,
no prazer ou na dor.

Gilka Machado em "Emotividade da Cor"

Conforme nos orienta Fayga, conhecer as cores não é suficiente. Precisamos ser atravessados por elas, e isso só se dá por meio da experiência. Nas palavras de Gilka Machado, devemos lançar a elas olhares investigadores, para que possamos perceber o subjetivo ruído de cada uma.

No ciclo "Poesias e Cores", percorremos uma jornada que se iniciou com o preto e o branco, atravessamos o cinza, mergulhamos nas cores primárias, produzimos com as próprias mãos cada uma das cores secundárias, dialogamos com as cores opostas complementares, e, por fim, integramos em uma mandala todas as cores do círculo cromático mais o preto, o branco e o cinza.

Todo esse caminho foi importante para que fosse proporcionado um "demorar-se" em cada cor. Os participantes puderam experimentar um diálogo profundo com cada uma delas, percebendo suas vibrações e como cada uma o impactava de forma singular. Creio que ao passar por essa jornada, aquele que experiencia a Arteterapia pode formar uma espécie de "vocabulário próprio", que utilizará em suas produções posteriores para criar em cores, não por combinações exteriores, mas pelo simbolismo interior.

Quando experimentamos as cores primárias, uma referência no campo da arte foi o pintor Mondrian, que simplificou a imagem às últimas consequências, chegando ao seu característico padrão de inúmeras variações de relações entre os elementos, cores primárias e linhas retas.

Esta série sobre as cores continua, mas por ora concluo com poesia:

Olhar a cor
é ouvi-la,
numa expressão tranquila,
falar de todas as sensações
caladas, dos corações;
no entanto, a cor tem brados,
mas brados estrangulados,
mágoas contidas,
mudo querer,
ânsia, fervor, emotividade
de desconhecidas
vidas,
que se ficaram na vontade,
que não conseguiram ser...

Cores são vagas, sugestivas toadas...

Cores são emoções paralisadas.

Gilka Machado em "Emotividade da Cor"

Cor/luz = emoção/energia psíquica

Publicado em 12/11/18

> **Fazer uso das cores em produções é facilitar a passagem da mensagem feita pelo canal do inconsciente à consciência**, dos afetos reprimidos, esquecidos ou ainda imaturos para o alcance da mesma. (URRUTIGARAY, 2011, p 212)

Recentemente compartilhei no *blog* "Não Palavra" fragmentos de minha pesquisa e estudo sobre as cores e suas aplicabilidades no *setting* arteterapêutico. Até aqui trouxe referências a partir das teorias da arte, Wassily Kandinsky e Fayga Ostrower. Agora, teremos como referência teórica a Arteterapia propriamente dita, com o livro *Arteterapia: A transformação pessoal pelas imagens*, de Maria Cristina Urrutigaray, que no Capítulo 4 aborda o "Emprego da Cor na Arteterapia".

Conforme dito anteriormente, meu percurso com as cores iniciou-se com a busca de estímulos de fácil acesso, compreensão e potencial projetivo, visando à pluralidade de pacientes/clientes recebidos pela Arteterapia em suas diversas modalidades e campos de trabalho, contemplando principalmente aqueles que chamo de "pacientes leigos": que não possuem qualquer histórico com a Arteterapia, técnicas expressivas e materiais. Segundo Maria Cristina, fazer uso das cores é **facilitar** a passagem de conteúdos inconscientes para a consciência. Creio que essa facilidade advém da "simplicidade" do estímulo, e na mesma proporção da simplicidade faz-se o imenso potencial projetivo e simbólico, basta sabermos investir nesse diálogo e projeção.

Em seu texto, Maria Cristina apresenta-nos uma relação muito interessante entre a cor e a luz, a emoção e a energia psíquica:

> Assim como as cores são uma variedade de ondulações da luz e provocam a sensação cromática, as emoções, do mesmo modo, também variam de acordo com a cor ou com a intensidade da energia psíquica. **Poderíamos, então, por analogia, atribuir que a variação da intensidade ondulatória da luz assemelha-se ao movimento da energia psíquica e, portanto, poderíamos associar o elemento cor com a emoção de acordo com a seguinte comparação: COR/LUZ = EMOÇÃO/ENERGIA PSÍQUICA.** (URRUTIGARAY, 2011, p 121)

> Sabemos que onde há cor, há uma onda eletromagnética. Assim, do mesmo modo, onde há emoção, há energia psíquica em ativação. Dessa forma, podemos vincular a presença de cores nas expressões criativas como representação de nossos afetos. (URRUTIGARAY, 2011, p 127)

Nesse contexto, entendemos que o uso de cores como estímulos pode ser acionado pelo arteterapeuta, quando entende que é necessário trabalhar com as emoções do paciente/cliente. Seja para expressar aquelas que já se encontram manifestas no sujeito e necessitam de escuta e elaboração ou aquelas que se mostram latentes, adormecidas, mas buscam um caminho para a expressão e consciência:

> As cores possuem fortes propriedades expressivas e estão relacionadas aos estados emocionais... As cores, por meio das emoções, são despertadas pelas estimulações sensoriais ou pela recordação de algum fato ou de algum tipo de experiência, seja ela boa ou má, que ficou armazenada durante um tempo. (URRUTIGARAY, 2011, p 132)

A prática mostra o quão interessante é quando o paciente/cliente de Arteterapia é estimulado a ter um encontro íntimo com cada cor, percebendo quais são a vibração e o impacto causados de forma singular e pessoal. Dessa forma, ele poderá inclusive desconstruir algumas falas do senso comum como "verde é esperança", "preto é luto"... O mergulho e a experiência pessoal com cada cor promovem a criação de um (outro) vocabulário próprio e individual para as expressões imagéticas que estão a caminho no processo arteterapêutico:

> A intensidade da cor, de acordo com critérios de tonalidade, claridade e saturação, imprime a vibração ou a frequência natural dos nossos estados psíquicos... Por meio dessa percepção visual, conhecemos e identificamos a cor, mas o que visualizamos como sendo cor não é tudo sobre ela, pois a **sensação por ela produzida no nosso corpo é sentida em nível psicológico como sentimento, seja de amor, ódio, calor, repulsa, prazer ou desprazer.** (URRUTIGARAY, 2011, p 127)

Para tal experiência é necessário um "demorar-se" em cada cor. É necessário um tempo de mergulho, percepção, escuta e elaboração daquela vibração. Um caminho interessante é proporcionar ao paciente/cliente de Arteterapia a oportunidade de produzir sua própria paleta de cores, em vez de recebê-las prontas em potes de tintas. Pois segundo Maria Cristina:

> ... o cliente **ao fabricar cores pode ir se exercitando no controle e na adequação de sua emoção**, pois, assim como dar mais luz à cor significa adicionar mais branco, para diminuir a intensidade da luminosidade, basta colocar mais preto. (URRUTIGARAY, 2011, p 131)

Poesias e Cores – aplicabilidades para a Arteterapia

então o amor é verde...
ou é o elo do mais puro acaso,
que só é do azul com amarelo para rimar com elo...
ou o elo da liberdade azul e da riqueza amarela...

enfim, não importa o que seja,
importa que se trata de um haikai,
de um verso que começa, verso que parte
(definição de hokku e, posteriormente, haikai).
E parte para terminar na nossa boca, seja como for,
basta que ele apenas parta para chegar em nós...
a mim ele chegou.

Paulo Leminski

No ciclo "Poesias e Cores", percurso experienciado por grupos arteterapêuticos que coordeno, em um dado momento tomamos como referência as palavras de Maria Cristina: "o cliente ao fabricar cores pode ir se exercitando..." Foi proposto que a cada dia os participantes criassem com as próprias mãos as cores secundárias. Ao dialogarmos com as cores primárias, amarelo e azul, fomos presenteados pela poesia de Paulo Leminsky, que com o gracejo de um *haikai*, registrou sua experiência ao fazer o elo entre estas duas cores e dali nascer o verde que lhe despertou o amor.

A partir de uma proposta aparentemente tão simples, sobre quanta profundidade podemos experimentar e agir: por meio das polaridades cromáticas (e da vida) fazer nascer um terceiro saindo de uma mistura; a disponibilidade para fazer elos entre partes que parecem não dialogar, mas de cujo encontro nasce um novo; o investimento de energia psíquica para o criar e dar forma a essas cores e contemplar a beleza de sua integração.

Para Leminsky, "o amor é verde", pois nasce do elo entre o azul e o amarelo.

E para você?

Por ora, concluo esta série sobre cores, ciente de que este caminho continua. Tanto teoricamente, pois outras referências ainda pretendo buscar, quanto em experiência, pois a prática sempre nos surpreende. A motivação que mantém a chama aquecida está na constatação de o quão potente é o mergulho nas cores em vivências arteterapêuticas.

REFERÊNCIAS

ESMANHOTTO, M.; ESMANHTTO, S. Coleção Grandes Mestres: *Kandinsky*. São Paulo: Abril, 2011.

FREUD, S. "À guisa de introdução ao narcisismo", 1914; *in Escritos sobre a Psicologia do Inconsciente*; volume 1. Rio de Janeiro: Imago, 2004.

__________ . *Luto e melancolia*. Obras Completas; vol XIV, 1915-1917.

KANDINSKY, W. *Do Espiritual na arte*. São Paulo: Martins Fontes, 1991.

OSTROWER, F. *Universo da Arte*. Rio de Janeiro: Campus, 1983.

PHILIPPINI, A. *Linguagens e Materiais Expressivos em Arteterapia: Uso, indicações e propriedades*. Rio de Janeiro: Wak, 2009.

A PRÁTICA DA ARTETERAPIA

Arteterapia Clínica

Primeiras observações sobre a depressão

Publicado em 17/04/17

Em 2017, caminho para meu décimo ano em prática clínica, que se iniciou em psicoterapia com eventual uso das técnicas expressivas até migrar gradualmente para a clínica da Arteterapia propriamente dita. De fato, esse foi um percurso gradual, que demandou (e sempre demandará) muito estudo para minha instrumentalização, mas sobretudo sensibilidade para que efetivamente a clínica – ou seja, os próprios pacientes – fosse construindo meu estilo e manejo.

Para tanto, tomo como referência os textos freudianos, ao estudo dos quais tenho me dedicado de forma mais sistemática neste ano. Durante sua leitura, fica claro que tudo o que Freud escrevia havia sido despertado a partir de sua clínica. Ele observava, pensava, escrevia, compartilhava com seus pares e assim avançava em suas construções teóricas. Os passos de Freud inspiram-me em meu caminho de clínica da Arteterapia, e cada vez mais nela eu acredito.

A Arteterapia e a depressão

O processo de elaboração deste texto estende-se há alguns meses (e ainda está em aberto) desde que recebi na clínica um(a) paciente com o quadro depressivo mais grave que já tive a oportunidade de testemunhar. Um membro da família assistiu o filme sobre a Nise da Silveira e intuitivamente compreendeu que a arte poderia contribuir de alguma forma para alguém já no limite de seu sofrimento. Assim, procurou-me como arteterapeuta e, desde então, venho me dedicando a esse atendimento de forma a oferecer a arte como um vetor de saúde para tal pessoa, e em paralelo aguçando minha escuta e observação a singularidades em que a Arteterapia, a partir de suas propriedades, pode contribuir para alguém com quadro depressivo grave. Neste texto, algumas considerações elaboradas até aqui.

Para me orientar e instrumentalizar para a escuta e manejo nesse atendimento, busquei o texto *Luto e Melancolia*, no qual Freud diferencia aqueles momentos em que a tristeza e os sintomas depressivos aparecem como uma reação natural e humana diante das perdas da vida, e momentos em que essas manifestações tornam-se patológicas:

> O luto, de modo geral, é a reação à perda de um ente querido, à perda de alguma abstração que ocupou o lugar de um ente querido, como o país, a liberdade ou o ideal de alguém e assim por diante. Em algumas pessoas, as mesmas influências produzem melancolia em vez de luto; por conseguinte, suspeitamos de que essas pessoas possuem uma disposição patológica. Também vale a pena notar que, embora o luto envolva graves afastamentos daquilo que constitui a atitude normal para com a vida, jamais ocorre considerá-lo como sendo uma condição patológica... Os traços mentais distintivos da melancolia são um desânimo profundamente penoso, a cessação de interesse pelo mundo externo, a perda da capacidade de amar, a inibição de toda e qualquer atividade, e uma diminuição dos sentimentos de autoestima a ponto de encontrar expressão

> em autorrecriminação e autoenvilecimento, culminando numa expectativa delirante de punição. (FREUD 1915-1917)

Diante dessa perspectiva, tenho pensado sobre algumas propriedades da Arteterapia que podem agir diretamente em traços característicos do quadro depressivo:

Sobre o esvaziamento

Pacientes com esse perfil apresentam-se na clínica com um esvaziamento extraordinário. Empobrecidos em suas palavras, movimentos e interação:

> ... a inibição do melancólico parece-nos enigmática porque não podemos ver o que é que o está absorvendo tão completamente. O melancólico exibe ainda uma outra coisa que está ausente no luto – uma diminuição extraordinária de sua autoestima, um empobrecimento de seu ego em grande escala. No luto, é o mundo que se torna pobre e vazio; na melancolia, é o próprio ego. **O paciente representa seu ego para nós como sendo desprovido de valor,** incapaz de qualquer realização e moralmente desprezível. (FREUD 1915-1917)

Naturalmente esse esvaziamento e sensação de incapacidade de qualquer realização mostram-se consteladas nas imagens produzidas e no processo criativo do paciente. É essencial que o arteterapeuta desenvolva sua escuta para essa manifestação que se apresenta como uma mensagem do paciente quanto àquilo que lhe é possível. As imagens empobrecidas e o processo criativo (desatentamente) lido como "rápido", não podem assustar o arteterapeuta e nem acessar sua ansiedade em estimular que o paciente explore outros materiais, outros espaços, outras possibilidades.

Cada trabalho produzido é efetivamente "um trabalho" para aquele sujeito com investimento de energia tão reduzida para os objetos. Aquele resultado demandou grande esforço e é esse movimento que merece nossa escuta.

A ARTE COMO UM CAMINHO POSSÍVEL

Outra manifestação comum nesse quadro dá-se na baixa autoestima exacerbada, em que há uma constância em comentários autodepreciativos, autorrecriminadores, e extrema desvalorização de si e de tudo que lhe pertence. Esse, de fato, é um grande desafio para o terapeuta, pois uma escuta desatenta pode despertar desconforto, incômodo ou até mesmo irritação diante da "monotonia" desse discurso.

A teoria mostra-nos e a prática me confirma que ceder "ao diálogo" com esse sujeito sobre "suas percepções equivocadas" e tentar persuadi-lo a enxergar outras perspectivas é inócuo e um desserviço para o processo terapêutico:

> Seria igualmente infrutífero, de um ponto de vista científico e terapêutico, contradizer um paciente que faz tais acusações contra seu ego. Certamente, de alguma forma ele deve estar com a razão, e descreve algo que é como lhe parece ser... Ele se encontra, de fato, tão desinteressado e tão incapaz de amor e de realização quanto afirma... trata-se do efeito do trabalho interno que lhe consome o ego... O ponto essencial, portanto, não consiste em saber se a autodifamação aflitiva do melan-

> cólico é correta, no sentido de que sua autocrítica esteja de acordo com a opinião de outras pessoas. O ponto consiste, antes, em saber se ele está apresentando uma descrição correta de sua situação psicológica. Ele perdeu seu amor próprio... (FREUD 1915-1917)

Assim, o convite à arte mostra-se um recurso eficaz para o deslocamento do olhar para o terapeuta por parte do paciente. Aqui, o arteterapeuta pode explorar a outra via de transferência característica do *setting* arteterapêutico: aquela que se direciona ao material. A partir dela o paciente terá a oportunidade e será convocado a se (re)ver através do espelhamento que todo o processo criativo e a imagem proporcionam.

O CRIAR COMO CAUSADOR DE DESEJO

O convite para o criar apresenta-se como um vetor de saúde para pacientes muito embotados e empobrecidos em seus investimentos e desejo. Ele movimenta, faz com que o paciente se esforce para romper a inércia, o lugar conhecido. Ele amplia o olhar viciado e reduzido quando apresenta novas possibilidades. Produz inquietude, desperta curiosidade e desafia o paciente. Estimula que ele exercite sua mente, se esforce e busque soluções, fazendo com que amplie seu repertório. Ao se ver capaz de dar forma e transformar seus conteúdos em cores, formas e imagens, o paciente acessa sua autoestima. Todo esse processo produz algum prazer e estimula o paciente a resgatar seus desejos de vida!

Além disso, no decorrer do processo criativo, o paciente depara-se com "micro-oportunidades" de elaborações e retificações que aparentemente podem soar "pequenas", mas absolutamente não são, pois dele demandam um grande esforço.

Lembro aqui um fragmento da poesia de H. Heine, citado por Freud:

> *Foi a doença que causou*
> *meu ímpeto para criação;*
> *e criando pude ficar são,*
> *e criar foi que me salvou.*
>
> H. Heine

O ESTÍMULO AO SER HUMANO INTEGRAL

> O complexo de melancolia comporta-se como uma ferida aberta, atraindo para si as energias catexiais... provenientes de todas as direções, **e esvaziando o ego até esse ficar totalmente empobrecido.** (FREUD, 1915-1917)

> **A experiência criativa** nos "transpassa" e permite que "transbordemos" e atravessemos limites e interdições, **resgatando "notícias de nós mesmos"** nem sempre claras e acessíveis... (PHILIPPINI, 2009, p 137)

Considero que uma das belezas da Arteterapia dá-se pelo fato de ser um procedimento terapêutico que por definição acessa o ser humano de forma integral. Quando nos deparamos com um paciente com o ego tão esvaziado e empobrecido, o exercício da Arteterapia naturalmente o estimulará em vários âmbitos.

Psíquico

Por meio do criar e amparado pela transferência com o arteterapeuta, aquele sujeito terá a oportunidade de se revisitar e se rever, fazer movimentos de reinvestimento, enfrentamento e tomadas de decisão, acessando seu desejo. Esse processo coopera para que ele se responsabilize por si como autor e protagonista da sua obra/biografia.

Cognitivo

Durante a execução de um trabalho em Arteterapia, o paciente naturalmente é estimulado a manter-se atento e concentrado, analisando, planejando, buscando estratégias e soluções criativas para a materialização daquilo que tem em mente. Muitas vezes esses pacientes podem apresentar prejuízos cognitivos devido aos sintomas depressivos ou até mesmo pela medicação ou efeitos colaterais do tratamento. Assim, a Arteterapia também coopera para estimulação de diversas funções cognitivas, como atenção, concentração, memória, linguagem, percepção e sensação, abstração, criatividade, funções executivas, praxia etc.

Físico

O processo criativo no *setting* arteterapêutico inclui o corpo como expressão. Estimula o corpo catatônico ao movimento e à ação. Convoca um corpo enfraquecido ao esforço de manipular um pedaço de argila ou à força para abrir a tampa de um pote de tinta.

Por fim, um estímulo espiritual, e aqui me lembro de Kandinsky que através da arte propõe uma "mudança de rumo espiritual":

> Quem quer que mergulhe nas profundezas de sua arte, em busca de tesouros invisíveis, trabalha para erguer essa pirâmide espiritual que chegará ao céu. (KANDINSKY, 1990, p 57)

Sobre o limite da palavra

Publicado em 07/08/17

Lutar com palavras
é a luta mais vã.
Entanto lutamos
mal rompe a manhã...
Não me julgo louco.
Se o fosse, teria
poder de encantá-las.
Mas lúcido e frio,
apareço e tento
apanhar algumas
para meu sustento
num dia de vida...
Lutar com palavras
parece sem fruto.
Não têm carne e sangue...
Entretanto, luto.

Palavra, palavra
(digo exasperado),
se me desafias,
aceito o combate.
Quisera possuir-te
neste descampado,
sem roteiro de unha
ou marca de dente
nessa pele clara...

Luto corpo a corpo,
luto todo o tempo,
sem maior proveito
que o da caça ao vento...

Carlos Drummond de Andrade em "O lutador"

Neste ano em que completo dez anos de prática clínica tenho feito o exercício de trazer à memória alguns pacientes que fizeram parte desse caminho, que me desafiaram e, consequentemente, me construíram e lapidaram como terapeuta. Pacientes que demandaram muito estudo, supervisão, mas sobretudo uma intuição aguçada para a escuta e o manejo naquele momento que se fez necessário estar a sua frente ou ao seu lado.

Sem dúvida um dos fenômenos que mais me intrigaram é aquele em que o paciente, tomado por enorme angústia, não encontra palavras que lhe sirvam como expressão, que o organizem e "sosseguem". Hoje, vejo que não por acaso, intuitivamente nomeei o espaço que comportaria os registros dos meus estudos e pensamentos da minha prática profissional como "Não Palavra".

Venho de uma formação inicial em psicologia na qual somos orientados para o manejo prioritariamente a partir das palavras de nossos pacientes. Fui construindo meu caminho buscando orientação na literatura psicanalítica para a prática clínica, e atualmente faço parte de uma escola de psicanálise para que cada vez mais me instrumentalize para uma boa escuta.

Para Lacan, o "inconsciente está estruturado como uma linguagem... Estruturado significa fala, meu léxico etc." A psicanálise é alicerçada na clínica estrutural, orientada (mas não engessada) pelos conceitos das estruturas psíquicas. E para Lacan "O que cria a estrutura é a maneira pela qual a linguagem emerge, no início, num ser humano. É isso, em última análise, o que nos permite falar em estrutura." (LACAN *in* JORGE). Por esse motivo ele tanto se dedicou aos estudos e à articulação da Linguística de Saussure com a psicanálise. Entretanto, ele próprio em dado momento reconhece que o inconsciente é não-todo estruturado como linguagem, quando, por exemplo, o "real" comparece e falta a palavra, falta algum significante que dê contorno ao sujeito.

A clínica me mostra que esse fenômeno não é tão raro de acontecer. E como profissional da clínica da Arteterapia, nesses casos me lembro das palavras de Roland Barthes, um dos mais importantes teóricos da teoria da literatura, e também um dos grandes filósofos franceses do Século XX: "A língua é fascista". Para Barthes "... a língua não é nem reacionária nem progressista, ela é pura e simplesmente fascista... porque o fascismo não consiste em impedir de dizer, mas em obrigar a dizer." (BARTHES *in* SYLLA)

Não cabe aqui o aprofundamento na densa teoria de Barthes, mas nos interessa saber que o autor associa o impacto das estruturas linguísticas ao impacto de um poder sociopolítico, e não se exime de convocar os intelectuais e escritores a desempenharem um papel de resistência a esse poder:

> ... a resistência apenas seria possível fora do poder da linguagem, no seu além, mas esse além que conferiria um espaço de liberdade, não existe... Contudo, segundo o autor, o intelectual deverá ser persistente na resistência, embora essa se pareça com uma espécie de missão impossível... Não havendo um exterior à linguagem num espaço fora ou além da linguagem, cria-se então esse além no interior da própria linguagem, precisamente **pela estratégia da criação de não lugares...** (SYLLA)

Penso que a arte está para este "não lugar" da linguagem e o arteterapeuta para seu embaixador.

Pois segundo Kandinsky:

> Assim, cada arte chega, pouco a pouco, ao ponto em que se torna capaz de exprimir, graças aos meios que lhe são próprios, o que só ela está qualificada para dizer. (KANDINSKY, 1990, p 55)

REFERÊNCIAS

FREUD, S. "À guisa de introdução ao narcisismo", 1914. *In Escritos sobre a psicologia do inconsciente*, vol. 1. Rio de Janeiro: Imago, 2004.

____________. *Luto e melancolia*. Obras Completas, vol. XIV, 1915-1917.

JORGE, M. A. C. "Freud e a invenção da clínica estrutural". In Futuros da psicanálise, Vol. 1. Rio de Janeiro: Jorge Zahar, 2000.

KANDINSKY, W. *Do espiritual na arte*. São Paulo: Martins Fontes, 1991.

SYLLA, B.; BARTHES, R. "A língua é fascista: aproximações a um topos da filosofia do século XX". Disponível em http://www.scielo.mec.pt/scielo.php?script=sci_arttext&pid=S0807-89672015000200009 Acesso em 31/07/17.

PHILIPPINI, A. *Linguagens e materiais expressivos em arteterapia: Uso, indicações e propriedades*. Rio de Janeiro: Wak, 2009.

ARTE E ARTETERAPIA: DIÁLOGOS PARA UM ESTILO

Grandes artistas na prática da Arteterapia

Arte como Terapia
leituras, reflexões e comentários

Publicado em 03/12/18

Tenho recomendado o estudo da ARTE aos arteterapeutas e estudantes. Em minha jornada profissional, o mergulho no estudo da arte foi o grande pulo do gato para migrar da condição de uma psicóloga que utilizava técnicas expressivas para a de arteterapeuta propriamente dita, e assim me encontrei profissionalmente.

Nesse sentido, tenho sustentado o grupo de estudos "Teorias da Arte e Arteterapia" e tem sido um espaço muito potente de pesquisa, troca, aprendizado, aplicações e teorizações para cada participante, incluindo-me.

Percebo que não apenas na formação de Arteterapia, mas em diversos segmentos que contemplam a disciplina História da Arte, o conteúdo transmitido academicamente se dá de forma racionalizada, impessoal e pouquíssimo contextualizada ou aplicável ao ouvinte e sua área de interesse. Estudar História da Arte é muito mais do que absorver (apenas) datas, períodos, pinturas e nomes de artistas. Ali existe um verdadeiro universo a ser explorado, verdadeiramente compreendido e aplicado como ensinamentos ou inspirações para nossa vida prática e atual, em diversos contextos e segmentos. Basta desenvolvermos nosso olhar e escuta da maneira apropriada.

No caminho de estudar História da Arte para diálogar com a Arteterapia, deparei-me com o livro *Arte como Terapia*, que muito enriqueceu meu estudo. Trago aqui alguns fragmentos e comentários desse livro, leitura que recomendo aos arteterapeutas, pois, com sua linguagem tão acessível e próxima do leitor, corrobora este pensamento:

> Este livro sugere outra abordagem. Os especialistas deviam pensar em como conectar melhor o espírito das obras que admiram às fragilidades psicológicas dos seus ouvintes... A essa luz, os acadêmicos tratariam... todas as obras de arte com a seguinte pergunta humana: "Quais lições você está tentando nos ensinar que podem nos ajudar na vida?" Qualquer coisa que não seja isso, por mais inteligente e carregada de informação que seja, não passaria de mera preparação ou distração. (BOTTON & ARMSTRONG, 2014, p 87)

É importante ressaltar que, embora o livro traga em seu título "arte como terapia", ele não contempla a perspectiva à qual o arteterapeuta está habituado: o fazer arte, o ato criativo, o sujeito em contato direto com os materiais e a criação. Sua reflexão dirige-se ao potencial terapêutico de se **contemplar** uma obra de arte, tendo o sujeito como **espectador** e fruidor da obra:

> ... a arte tem o poder de ampliar nossas capacidades para além dos limites originalmente impostos pela natureza. A arte compensa algumas de nossas fraquezas inatas, nesse caso, mais mentais do que físicas, fraquezas que podemos chamar de fragilidades psicológicas. Aqui, propomos que **a arte... é um meio terapêutico que pode ajudar a guiar, incentivar e consolar o espectador, permitindo-lhe evoluir.** (BOTTON & ARMSTRONG, 2014, p 5)

De fato, seus autores, Alain de Botton e John Armstrong, falam do campo da filosofia e não do campo "psi". Ao longo do livro, fica claro que os conteúdos abordados pelos autores são problemas da filosofia, como o amor, a natureza, o dinheiro e a política, além de ficar nítido não haver alguma teoria da psicologia para embasar suas reflexões.

De toda forma, os temas abordados, profundamente humanos, e a maneira de expô-los são extremamente ricos para instrumentalizar nossa escuta clínica – individual e coletiva – enquanto nos colocam em contato direto com obras de arte que dialogam com questões humanas variadas.

Nessa perspectiva, os autores apontam cinco possíveis leituras da arte: leitura técnica, leitura política, leitura histórica, leitura do caráter contestador e, por fim, uma leitura terapêutica, proposta por eles:

> Este livro apresenta um quinto critério para julgar a arte: ela pode ser importante por nos ajudar de maneira terapêutica... A adoção desse quinto critério traz uma série de consequências para o entendimento do cânone. Tal leitura permite esboçar o que pode estar acontecendo no nosso íntimo quando dizemos que uma obra é boa ou ruim. Podemos acabar gostando das mesmas obras consideradas importantes pelas outras leituras, mas será por motivos diferentes: **porque ajudaram a nossa alma.** Obter algo com a arte não significará apenas aprendermos a seu respeito, mas também **uma autoinvestigação. Teremos de estar dispostos a olhar dentro de nós mesmos, reagir ao que vemos.** A arte será considerada boa ou ruim não *per se*, mas para nós... (BOTTON & ARMSTRONG, 2014, p 72)

Embora os autores não tragam formalmente o conceito de projeção, percebemos que em todo tempo fazem referência a tal fenômeno: quando o sujeito tem um encontro com um objeto e nele deposita conteúdos inconscientes para si, animando-o e elevando-o à condição de uma espécie de espelho, o qual tem a capacidade de iluminar e trazer para a consciência aquilo em que ele não se reconhece:

> ... de vez em quando, topamos com obras de arte que parecem agarrar algo que sentimos, mas que nunca havíamos notado com clareza. Alexander Pope identificou como função central da poesia tomar os pensamentos que sentimos incompletos e lhes dar expressão clara: aquilo que "era pensado com frequência, mas nunca tão bem expressado". Em outras palavras, uma parte esquiva e fugidia do nosso pensamento, da nossa experiência, é pega, editada e devolvida a nós melhor do que era antes, de forma que enfim sentimos que nos conhecemos com mais nitidez. (BOTTON & ARMSTRONG, 2014, p 44)

Sendo assim, a arte atuaria como:

> Um guia para o autoconhecimento: A arte pode nos ajudar a identificar o que é central para nós, mas difícil de expressar em palavras. Boa parte do que é humano não está prontamente acessível na linguagem. Podemos segurar um objeto artístico e dizer, de maneira confusa mas significativa: "Isso sou eu". (BOTTON & ARMSTRONG, 2014, p 65)

Ao longo do livro, fica clara a perspectiva otimista pela qual os autores visualizam e abordam os temas e manifestações artísticas (a meu ver, até um pouco excessiva; por outro lado, eu também acredito que uma boa dose de otimismo é bem-vinda nos dias atuais). Ainda assim, eles não deixam de mencionar os momentos em que as expressões artísticas podem nos causar estranheza, desconforto e incômodo:

> O envolvimento com a arte é útil porque nos apresenta exemplos vigorosos do tipo de material estranho que aciona as defesas de tédio e medo e nos concede tempo e privacidade para aprendermos a lidar de forma mais estratégica com isso. Um primeiro e importante passo para superar a posição defensiva diante da arte é nos tornarmos mais receptivos à estranheza que sentimos em certos contextos. Não precisamos nos odiar por causa disso: muitas obras de arte, afinal, resultam de concepções de mundo radicalmente distintas da nossa. (BOTTON & ARMSTRONG, 2014, p 53)

Sem mencionar diretamente o conceito de sombra, os autores refletem sobre a importância de nos expormos àquilo que nos é estranho para que possamos nos (re)conhecer e assim crescer como seres humanos:

> A arte que começa nos parecendo estranha é valiosa porque nos apresenta ideias e atitudes que dificilmente encontraríamos em nosso ambiente costumeiro, e que nos são necessárias para termos pleno envolvimento com nossa humanidade... elas continuarão adormecidas até serem atiçadas, espicaçadas e provocadas de modo útil pelo mundo... É quando encontramos pontos de contato com o desconhecido que somos capazes de crescer. (BOTTON & ARMSTRONG, 2014, p 58)

Esse livro presenteia-nos com inúmeras reflexões relativas ao campo da arte aplicada à vida cotidiana, que em próximos textos pretendo mencionar; reitero o convite dessa leitura aos arteterapeutas e estudantes. Por enquanto encerro com um dos benefícios terapêuticos à contemplação de obras de arte desenvolvidos pelos autores: o sensibilizar. Pois a arte é:

> Um instrumento de recuperação da sensibilidade: A arte remove nossa casca e nos salva do habitual descaso pelo que está ao redor. Recuperamos a sensibilidade; olhamos o velho de novas maneiras. (BOTTON & ARMSTRONG, 2014, p 65)

Grandes artistas na prática da Arteterapia
Abraham Palatnik*

Publicado em 22/05/17

Há algum tempo, pensar sobre os artistas tem-me instigado. Penso que, dentre a pluralidade humana, os artistas são seres que possuem sensibilidade singular às questões mais profundas da alma. Possuem o dom de perceber, sentir e expressar através das mais variadas linguagens da arte, emoções que todos sentimos, mas não sabemos nomear ou traduzir.

A sensibilidade do artista pode se manifestar nas esferas coletiva/social/cultural ou individual. Quanto à primeira, podemos pensar na História da Arte como a história da humanidade registrada ao olhar não dos historiadores ou jornalistas, mas a partir do olhar tão sensível do artista. Como exemplo, podemos citar os dadaístas, nos quais as expressões artísticas estavam altamente atravessadas pelo contexto social da época, a Primeira Guerra Mundial.

Na esfera individual, quantos artistas podemos trazer à memória aos quais a arte serviu como expressão e instrumento de elaboração de emoções tão profundas, despertadas a partir de suas histórias, mas para além da singularidade de suas biografias, sentimentos que pertencem à humanidade.

---

* As citações e referências deste texto foram extraídas de legendas da exposição: "Abraham Palatnik: A Reinvenção da Pintura" e do documentário "Disciplina no caos: Ocupação de Abraham Palatnik." (N. da A.)

Como exemplo, Frida Kahlo, que não esconde o quanto a arte lhe fez suplência para o atravessamento de uma biografia tão intensa. Suas telas impactam-nos, tamanha potência das emoções ali expressadas. Naturalmente nos impactam porque, de alguma forma, também nos pertencem.

Assim, vejo como essencial que o arteterapeuta se dedique a conhecer sobre os mais variados artistas em seus mais variados contextos: suas biografias, obras, processos criativos e movimentos artísticos. Primeiramente, porque tornar-se íntimo dos artistas exercita a sensibilidade para expressão e escuta através da arte. Além disso, oferece subsídios para a prática da Arteterapia em sua riqueza de possibilidades!

Hoje o protagonista: Abraham Palatnik

> Uma obra de arte não deve transmitir mensagens, mas ter vida própria. Não pode ser mero suporte de uma mensagem como um telegrama, que depois de ser lido jogamos fora. (PALATNIK)

Uma das formas de se conhecer grandes artistas está em frequentar exposições de arte oferecidas pela cidade. Foi assim que conheci Abraham Palatnik e, desde então, venho pensando e escrevendo sobre esse inspirador artista brasileiro, ainda vivo, pioneiro da arte cinética. No período entre 10 de fevereiro a 24 de abril de 2017, o Centro Cultural do Banco do Brasil do Rio de Janeiro manteve em cartaz a exposição "Abraham Palatnik: a reinvenção da pintura". Nessa riquíssima exposição, tive a oportunidade de conhecer várias fases do artista nas quais, aos poucos, venho-me aprofundando, pensando sobre possibilidades de diálogos com a Arteterapia, em seus estímulos e práticas. Neste texto, compartilho minhas reflexões até o momento.

Minha primeira surpresa na exposição deu-se quando descobri que o artista viveu parte da sua infância e adolescência na Palestina, onde teve a oportunidade de estudar arte. Retornou ao Brasil e ao final dos anos 40 foi convidado a visitar o Hospital Psiquiátrico Pedro II, onde conheceu o trabalho da doutora Nise da Silveira. Palatnik fica profundamente impactado com as obras dos pacientes, sobretudo de Raphael Domingues e Emygdio de Barros. Perguntava-se como aquelas pessoas produziam imagens tão densas sem jamais terem passado por uma escola de artes ou objetivarem qual o significado da expressão "arte". Assim, o artista entrou em crise com a pintura e concluiu: "Pensava que eu era um artista formado. Resolvi começar de novo. A disciplina escolar, de ateliê, não servia para mais nada." E foi assim que começou o seu processo de reinventar a pintura.

Seguindo sua intuição e desenvolvendo um estilo muito próprio, Palatnik acabou por flexibilizar as fronteiras entre a pintura e a escultura. O artista não abre mão do artesanal, o que podemos perceber pelo uso de materiais como o vidro, barbante, cartão e hastes metálicas, elementos baratos e abundantes no comércio varejista e popular. Naturalmente, seu processo criativo como artista e inventor refletia-se em seu ateliê, que poderia ser confundido com uma oficina, "lugar de concepção do novo", que continha materiais industriais e cotidianos, parafusos, pregos, além de aparatos eletrônicos criados pelo próprio artista.

Aqui, vale destacar que Palatnik (e seu processo criativo) inspira-nos como arteterapeuta na medida em que ampliamos nosso olhar para a riqueza de possibilidades em materiais que podem ser utilizados no ato de criar. A expressão em arte dá-se à medida da (liberdade) criatividade. Sendo assim, o ateliê/consultório do arteterapeuta deve conter materiais muito além dos clássicos de desenho ou pintura, mas tudo aquilo que possa servir de subsídio para o despertar da intuição do cliente/paciente em seu singular processo criativo.

Rompendo as fronteiras das categorias estabelecidas

> Eu me considero um pintor embora ao longo do tempo eu tenha mudado radicalmente a forma como a pintura aparece ... Gosto de experimentar várias técnicas, realizar trabalhos com motores e articulações. Não considerei a pintura especificamente como uma finalidade absoluta. (PALATNIK)

Palatnik segue seu caminho, sempre aberto ao novo e ao diálogo com tudo aquilo que poderia compor sua expressão, sua arte. Seguiu agregando tecnologia, mecânica, luzes, movimentos, motores, até que em 1951 marcou a arte cinética no mundo quando trouxe o primeiro "Aparelho Cinecromático". Utilizando motores e luzes em sua estrutura (a primeira obra dessa série ainda possuía barbante em seu interior), o aparelho ampliava o termo "escultura" na história da arte e, além disso, mantinha um diálogo profundo com a pintura.

Conta-se que essa obra foi julgada para participação na 1ª Bienal de São Paulo, mas decidiu-se que não faria parte da exposição porque "não era pintura, nem escultura, não dava para encaixar". Devido, porém, à ausência da delegação japonesa, seu "Cinecromático azul e roxo em primeiro movimento" foi incluído na Bienal e por fim recebeu menção honrosa do júri internacional.

Tal passagem na história de Palatnik tocou-me de forma particular, pois ilustra momentos em que há uma demanda externa para o "encaixe" naquilo que é tradicional. Palatnik em seu processo criativo ensina-nos sobre a liberdade no criar, para além de categorias preestabelecidas, mantendo-se comprometido e fiel ao que há de mais essencial: sua arte.

Palatnik inspira-nos como arteterapeutas que buscam seu estilo próprio de trabalho a partir das mais variadas influências teóricas. Inspira também os clientes/pacientes de Arteterapia, que vão utilizar sua mais profunda intuição como matéria prima do ato criativo.

Minha função como artista é disciplinar o caos.

Palatnik

Se por um lado Palatnik inspira-nos quanto à liberdade no ato de criar, por outro lembra-nos que muitas vezes a criação funcionará como um processo organizador. O artista traz como reflexão os inúmeros estímulos sensoriais puros que vamos captando no dia a dia – o caos – e o processo de torná-los percepções a partir da ação cerebral, transformando "o complicado em simples", buscando "... alguma coisa derivada do caos que atinja um certo ritmo...".

Tal citação impressiona-me e inspira-me à prática da Arteterapia, pois muitas vezes os clientes/pacientes que recebemos no *setting* arteterapêutico apresentam-se em forma de caos, das mais diversas ordens. Dessa forma, a função da arte e o despertar do artista naquele sujeito são justamente para a organização do caos.

Para visualizar e saber mais sobre a obra de Palatnik, recomendo o documentário "Disciplina no caos: Ocupação de Abraham Palatnik", disponível no YouTube.

Grandes artistas na prática da Arteterapia
EDWARD HOPPER

Publicado em 18/09/17

A prática da Arteterapia pode ser bastante enriquecida quando acionamos como estímulos projetivos as obras de grandes artistas nas mais variadas linguagens da arte. Isso se dá porque o artista é:

> ... "um homem coletivo que exprime a alma inconsciente e ativa da humanidade". No mistério do ato criador, o artista mergulha até as funduras imensas do inconsciente. Ele dá forma e traduz na linguagem de seu tempo as intuições primordiais, e assim fazendo, torna acessíveis a todos as fontes profundas da vida. (SILVEIRA, 1981, p 161)

Sendo suas obras a forma traduzida pelo artista de conteúdos da alma inconsciente e ativa da humanidade, essas imagens possuem um grande potencial projetivo e, na prática, revelam-se estímulos bastante acessíveis aos que chegam para a clínica da Arteterapia, sobretudo aqueles que chamo de "pacientes leigos".

Nesse pensamento, tenho-me dedicado à pesquisa de artistas e suas expressões de conteúdos que fazem eco àquilo que escuto em minha clínica. Esse repertório permite-me, como arteterapeuta, acioná-lo quando entendo que um artista possa servir como uma espécie de "interlocutor", aquecendo o diálogo do paciente consigo mesmo em seu processo de autoconhecimento.

Tenho-me dedicado também à produção de conteúdos para o "Não Palavra", em ambientes virtuais ou presenciais, que possam colaborar e instrumentalizar arteterapeutas a explorarem esse estilo de trabalho.

O protagonista do texto a seguir é Edward Hopper, artista que conheci na escola de psicanálise que frequento e, desde então, tem atravessado minhas reflexões.

HOPPER: O PINTOR DA SOLIDÃO

Edward Hopper (EUA, 1882-1967) foi um pintor, artista gráfico e ilustrador que ficou bastante conhecido por suas misteriosas pinturas de representações realistas da solidão na contemporaneidade. Em cenários rurais e urbanos, suas obras refletem sua visão pessoal sobre a vida moderna americana em meados do século XX. Hopper viveu os tempos da Primeira Guerra Mundial, da Grande Depressão Americana de 1929 e da Segunda Grande Guerra, e, naturalmente tal contexto histórico influenciou grande parte de sua obra, que em geral mostra pessoas em cenários da vida cotidiana.

> ... Hopper traçou insistentemente em sua pintura a solidão do sujeito situado na margem, na beira, no umbral, no limiar em relação ao real. Um poderoso silêncio pode ser escutado em suas telas...
>
> Precursoras do hiper-realismo norte-americano, suas telas são muito conhecidas e algumas se tornaram verdadeiros ícones da arte norte-americana... Hopper pinta o mundo humano com uma acentuada frieza, e seus perso-

> nagens parecem estar absortos por uma espécie de falta de sentido...
>
> Em suas telas, não se vê vestígio de amor ou sexo. Entre os diferentes personagens há apenas convívio, e todos parecem estar diante de um supremo impacto. Além disso, todos parecem estar profundamente sós, mesmo quando partilham alguma atividade. Em seu livro sobre o pintor, Maria Constantino afirma que “as figuras solitárias que habitam as pinturas de Hopper parecem estar perdidas em pensamento”. Não há troca de olhares entre eles, nem de sorrisos. (JORGE, 2016, pp 248-249)

Embora Hopper tenha pintado cenas de seu cotidiano, sua obra impacta-nos por retratarem cenas extremamente atuais de um mundo contemporâneo em crise. Aqui lembro-me de Kandinsky, que se refere à sensibilidade e intuição singulares do artista, tornando-o uma espécie de profeta da humanidade.

Hopper faleceu em 1967 e não pôde acompanhar a evolução tecnológica e sociocultural que se deu nas últimas décadas e hoje podemos identificar. O sociólogo polonês, Zygmunt Bauman, pensador da modernidade líquida, diz que “Estamos todos numa solidão e numa multidão ao mesmo tempo”, o que nos faz pensar a obra de Hopper de forma extremamente atual ao retratar pessoas alienadas em si mesmas, sem ligações afetivas, que mesmo na presença de outros mostram-se distraídas, desinteressadas de quem está ao seu lado, vazias, deixando transparecer em suas feições um enorme sentimento de solidão.

Quantos de nós não observamos cenas como essas em nosso próprio cotidiano?

O ARTETERAPEUTA E A SOLIDÃO NOS TEMPOS ATUAIS

> A maior solidão é a do ser que não ama. A maior solidão é a dor do ser que se ausenta, que se defende, que se fecha, que se recusa a participar da vida humana.
> A maior solidão é a do homem encerrado em si mesmo, no absoluto de si mesmo, o homem que não dá a quem pede o que ele pode dar de amor, de amizade, de socorro.
>
> O maior solitário é o que tem medo de amar, o que tem medo de ferir e ferir-se, o ser casto da mulher, do amigo, do povo, do mundo. Esse queima como uma lâmpada triste, cujo reflexo entristece também tudo em torno. Ele é a angústia do mundo que o reflete. Ele é o que se recusa às verdadeiras fontes de emoção, as que são o patrimônio de todos, e, encerrado em seu duro privilégio, semeia pedras do alto de sua fria e desolada torre.
>
> Vinícius de Moraes

A solidão, direta ou indiretamente, é um tema recorrente na clínica, sendo assim essencial que o terapeuta busque embasamentos históricos e coletivos que orientem sua escuta individual perante um cliente/paciente. Afinal, somos todos sujeitos inseridos na cultura.

A arte, em suas mais variadas linguagens, e o artista, em sua capacidade de ver além do óbvio, cumprem a função de perceber, dar forma, traduzir na linguagem de seu tempo e denunciar aquilo que o ser humano tem produzido para si, lançando o convite para a sua conscientização e responsabilização.

Na clínica da Arteterapia, o arteterapeuta pode ter como recurso a utilização dessas imagens como espelhamento (estímulos projetivos) àqueles que se apresentam com a queixa de solidão. O artista e a obra servem como "interlocutores" no fluxo de pensamentos daquele sujeito, estimulando sua reflexão e elaboração. Mas sobretudo, lançando o convite à conscientização do que Vinícius tão bem nomeou: a pior solidão é a do ser que se ausenta, se defende, se recusa e se encerra em si mesmo. Em seguida, o convite à responsabilização, por si, por suas emoções e pelas relações que o compõem.

Penso que o sair de si e oferecer afeto é um ato de resistência nesta contemporaneidade. Oferecer um espaço terapêutico em que os sujeitos possam levantar o olhar do estabelecido socialmente para enxergar outros possíveis faz parte dessa micropolítica. Promover e sustentar encontros entre pessoas, sobretudo estimulados pela arte, é ser agente de uma contracultura.

Concluo registrando minha escuta para a fala de arteterapeutas da minha rede de interlocução que (se) perceberam o quão solitário pode ser o ofício do terapeuta se não buscar seus pares para trocas, debates, estudos e construção de conhecimento. Agradeço a companhia dessas parceiras que tanto me compõem, e deixo aqui um chamado aos terapeutas para que não se encerrem em si mesmos e busquem em outros aquele suporte que todo terapeuta necessita para a sustentação de seu ofício.

Contribuições de Kandinsky ao arteterapeuta

Publicado em 04/09/17

Nos últimos tempos tenho pensado e estimulado os que estão à minha volta a que pensemos sobre o arteterapeuta e sua função no social atual. No texto denominado "Uma arte que nos salve da loucura destes tempos, Dadaísmo e Arteterapia" relato minhas articulações pessoais sobre como o movimento dadaísta poderia dar embasamento para o ofício do arteterapeuta.

Sincronicamente, há poucas semanas decidi reler um livro que abriu as portas para uma nova fase da minha vida profissional, em meados de 2013, quando efetivamente me encontrei na Arteterapia: *Do Espiritual na Arte*, de Wassily Kandinsky. A releitura desse livro deu-se pelo desejo de retomar os estudos sobre o caminho para a abstração, tão característico do artista, e sua teorização sobre as potências das cores e das formas. Estudo que me servirá como embasamento para as palestras e textos que estão em fase de gestação.

Entretanto, como é interessante reler um livro, passado algum tempo de amadurecimento profissional e pessoal! Meus olhos foram capturados pelos primeiros capítulos dessa riquíssima obra em que, na história e no coletivo, Kandinsky pensa sobre o lugar do artista e da arte.

Tenho-me dedicado à conscientização do **arteterapeuta** como **portador da sensibilidade tão singular do artista**, como aquele que capta, percebe, compreende, expressa e traduz para as mais variadas linguagens da arte as questões mais profundamente humanas, **mas especialmente aquele que exerce a função de oferecer a arte e sustentar um território "sagrado" para que ela aconteça**. Penso que a tomada de consciência sobre a profundidade, responsabilidade e convocação que tal função nos permite seja essencial para a construção de um arteterapeuta.

Sendo assim, naturalmente a leitura e o estudo sobre o que grandes artistas teorizaram sobre esse lugar no social e para a história, instrumentaliza o arteterapeuta na construção de sua identidade profissional. Hoje, a proposta é trazer alguns fragmentos das articulações de Kandinsky sobre esse tema, os quais podemos acolher como "cartas aos jovens arteterapeutas" (dentre os quais me incluo) nos dias atuais.

Uma mudança de rumo

> Toda obra de arte é filha de seu tempo e, muitas vezes, mãe de nossos sentimentos. Cada época de uma civilização cria uma arte que lhe é própria e que jamais se verá renascer. (KANDINSKY, 1990, p 27)

Podemos pensar a história da arte como a história da humanidade registrada pelo olhar muito sensível do artista. Kandinsky foi um artista que registrou e participou de um caminho de mudanças de perspectivas na história. Até então vigorava o Iluminismo, um movimento cultural da elite europeia que procurou mobilizar o poder da razão a fim de reformar a sociedade do conhecimento. Ao final do século XIX, observamos o processo de queda desses ideais, em que a ênfase à razão deu lugar à ênfase do romantismo na emoção. Assim:

> ... Kandinsky... Sábio da arte moderna, insere-se exatamente na linhagem de todos os que... quiseram responder à angustia com a certeza... ele **assistiu ao desmoronamento de todo um sistema baseado na exatidão de nossa visão,** na coincidência entre o valor e a realidade: **o mundo que nossos sentidos nos desvendam, é um conjunto de fenômenos que têm poucas relações com a realidade das coisas.** (SERS *In* KANDINSKY, 1990, pp 9-10)

Em última análise, uma mudança de perspectiva histórica como essa também foi impulsionada por Freud no campo da medicina, ao postular outra instância no psiquismo humano para além da consciência: o inconsciente, nosso objeto de busca como arteterapeutas.

RUMO À "NECESSIDADE INTERIOR" UM CAMINHO PARA A ABSTRAÇÃO

> Quando a religião, a ciência e a moral (esta última pela mão rude de Nietzsche) são abaladas, e quando os apoios exteriores ameaçam ruir, o homem desvia seu olhar das contingências exteriores e dirige-o para si mesmo. (KANDINSKY, 1990, p 45)
>
> Assim, Kandinsky propunha:
>
> ... uma evolução da **arte** afastada das redundâncias do materialismo para se tornar **um instrumento com o qual se comunicam emoções "puras"** obtidas por meio do **impacto sensorial e psíquico de formas e cores.** (ESMANHOTTO, 2011, p 20)

Kandinsky recusava toda arte que fosse tão somente decorativa, a "arte pela arte" que é filha de seu século e permanece inteiramente no exterior. A arte deveria corresponder a uma "necessidade interior". Nesse pensamento, deveria tornar-se abstrata; essa mudança de rumo exigia o desaparecimento do objeto. Mas então, pelo que substituir o objeto?

> ... a partir do instante em que... a experiência íntima do artista e a força de emoção que a torna comunicável aos outros transparece, a arte entra no caminho... do qual reencontrará o que perdeu... O **objeto de sua busca** não é o objeto material concreto a que o artista se prendia exclusivamente na época precedente... mas **será o próprio conteúdo da arte, sua essência, sua alma...** Esse conteúdo, só a arte pode captá-lo, só ela pode exprimi-lo claramente com os meios que lhe pertencem. (KANDINSKY, 1990, p 38)

Interessante ressaltar que o livro *Do Espiritual na Arte* foi concluído em 1910, e no mesmo ano Kandinsky pintou seu primeiro quadro abstrato, demonstrando a estreita ligação entre o investimento na teoria e em sua experiência. As obras de Kandinsky são expressões imagéticas de suas teorizações e verdadeiros estudos sobre a relação entre as cores e as formas. Eis aqui uma verdadeira inspiração para os arteterapeutas, que por um lado devem se alimentar das teorias que os sustentam, mas, por outro lado, nunca se perder em suas próprias experiências com a arte, a criatividade e o agir sobre os materiais expressivos.

Penso que essa mudança de perspectiva sobre a função da arte abre caminho para nossa prática como arteterapeutas, quando a oferecemos como meio para que sujeitos (do cotidiano, seres humanos com suas sensibilidades e necessidades) encontrem um caminho rumo a sua "necessidade interior". Por meio da arte podem ver-se, ouvir-se, apropriar-se de si, retificar-se. Ao arteterapeuta cabe estar ao lado desse sujeito em sua jornada rumo ao si mesmo, oferecer os materiais expressivos que sejam mais facilitadores desse processo, e, a partir de sua escuta instrumentalizada, exercer sua vocação:

> Cada quadro encerra misteriosamente toda uma vida, uma vida com seus sofrimentos, suas dúvidas, suas horas de entusiasmo e de luz. Para o que tende essa vida? Para quem se volta a alma angustiada do artista quando, também ela, participa de sua atividade criadora? O que ela quer anunciar? **"Projetar luz nas profundezas do coração humano, eis a vocação do artista"**, escreveu Schumann. (KANDISNKY, 1990, p 29)

O ARTISTA COMO PROFETA

Kandinsky defende que tal mudança de rumo direcionada à "necessidade interior" atinge dimensões tão profundas que alcança uma experiência espiritual que ele descreve a partir da metáfora de um triângulo. O artista, com sua sensibilidade e intuição bem aguçada, exerce uma função muito delicada, desafiadora, pesada e por vezes solitária:

> Então sempre **surge um homem, um de nós, em tudo nosso semelhante, mas que possui uma força de "visão" misteriosamente infundida nele. Ele vê o que será e o faz ver.** Por vezes desejaria libertar-se desse dom sublime, dessa pesada cruz sob a qual verga. Mas não pode. Apesar das zombarias e do ódio,

> atrela-se à pesada carroça da humanidade, a fim de soltá-la das pedras que a retêm e, com todas as suas forças, impele-a para a frente. (KANDINSKY, 1990, p 31)

> Um grande triângulo dividido em partes desiguais, a menor e a mais aguda no ápice, representa... bem a vida espiritual... Por vezes na ponta extrema, não há mais do que **um homem sozinho. Sua visão iguala sua infinita tristeza.** E os que estão mais perto dele não o compreendem. Em sua indignação, tratam-no de impostor, de semilouco... Podem-se descobrir artistas em todas as partes do triângulo. **Aquele que, entre eles, é capaz de olhar além dos limites da parte a que pertence é um profeta para os que o cercam. Ele ajuda a fazer avançar a carroça recalcitrante...** Essa multidão tem fome – muitas vezes sem que ela própria esteja consciente disso – do pão espiritual que convém às suas necessidades. (KANDINSKY, 1990, pp 35-36)

Penso que aqui está a convocação que Kandinsky faz a nós, artistas e arteterapeutas atuantes no século XXI. Através de nossa sensibilidade e intuição, temos a capacidade de perceber a loucura dos nossos tempos, de ver além do estabelecido e, através da arte, ser agentes no social, contribuindo para o avanço da "pesada carroça da humanidade".

É digno de nota que Kandinsky não se furta a fazer menção a uma espécie de efeito colateral desse caminho para uma experiência espiritual, a qual pode tomar o artista:

> Esse esquema da vida espiritual... [esconde] todo um lado de sombra, uma grande face obscura, uma mancha morta. Com

> demasiada frequência, esse pão converte-se no alimento de todos aqueles que se mantém num plano mais elevado. Mas, para eles, pode vir a se tornar um veneno. Uma pequena dose basta para agir sobre a alma... Absorvido, em dose elevada, esse veneno arrasta a alma em sua queda brutal. Num de seus romances, Stenkiewicz compara a vida espiritual à natação; aquele que não trabalha sem descanso e não luta incessantemente está condenado a afundar. É então que o dom natural do homem, o "talento"... pode tornar-se uma maldição para o artista que o recebeu e também para todos aqueles que comerem desse pão envenenado. (KANDINSKY, 1990, p 36)

Penso que esse fragmento serve de alerta ao arteterapeuta para que esteja atento a si, à sua biografia, às suas próprias "necessidades interiores" e que dê espaço a essas nos lugares oportunos: na própria terapia e supervisão. Esses são os espaços propícios para que o arteterapeuta não se envenene, que permaneça nadando e não afunde. São catastróficas para todos as consequências para um terapeuta com a sensibilidade artística que não cuida de si e se propõe a cuidar do outro.

Concluo com Kandinsky, que incentiva seu leitor a essa tão profunda mudança de rumo através da experiência da arte:

> Quem quer que mergulhe nas profundezas de sua arte, em busca de tesouros invisíveis, trabalha para erguer essa pirâmide espiritual que chegará ao céu. (KANDINSKY, 1990, p 57)

REFERÊNCIAS

BOTTON, A. de; ARMSTRONG, J. *Arte como terapia*. Rio de Janeiro: Intrínseca, 2014.

ESMANHOTTO, M; ESMANHOTTO, S. Coleção Grandes Mestres: Kandinsky. São Paulo: Abril, 2011.

JORGE, M. A. C. *Fundamentos da psicanálise: de Freud a Lacan*. Vol. 2: A clínica da fantasia. Rio de Janeiro: Zahar, 2016.

KANDINSKY, W. *Do espiritual na arte*. São Paulo: Martins Fontes, 1990.

SILVEIRA, N. *Jung: Vida e obra*. 7ª ed. Rio de Janeiro: Paz e Terra, 1981.

ARTE E ARTETERAPIA: DIÁLOGOS PARA UM ESTILO

Movimentos Artísticos e Inspirações

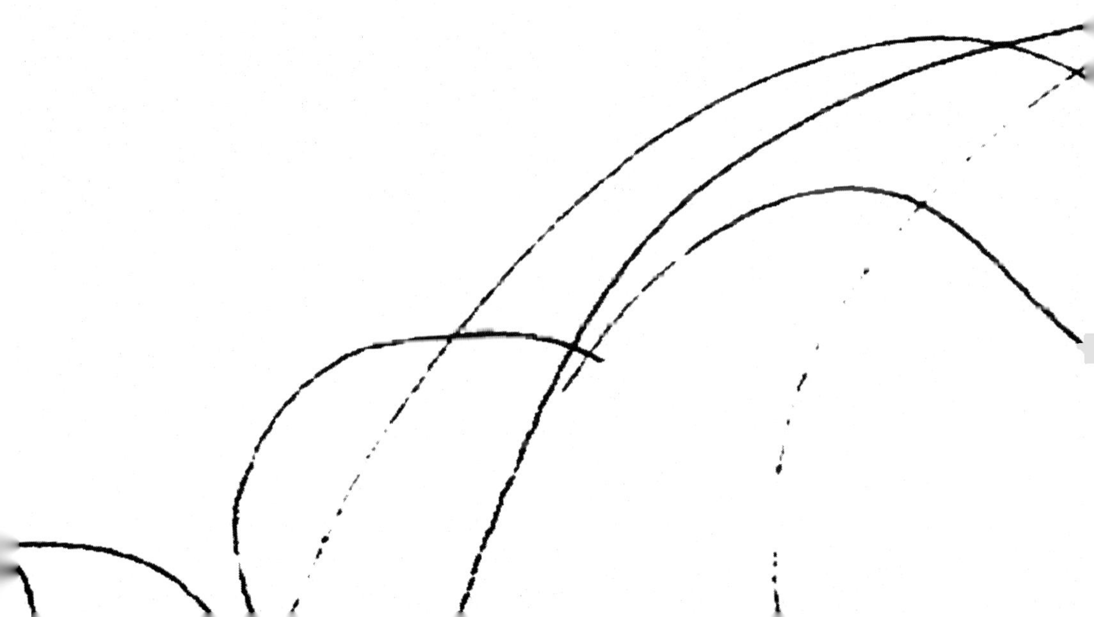

Uma arte que nos salve da loucura destes tempos - Dadaísmo e Arteterapia

Publicado em 26/04/17

No dia nove de junho de 2017, estive no II Congresso de Clínica Junguiana e Arteterapia: "Tradições e História da Arte", realizado pela Universidade Veiga de Almeida. Nesse dia, tive a oportunidade de compartilhar pela primeira vez, de forma mais estruturada, um tema que me tem atravessado e feito parte de minhas reflexões profissionais e pessoais. Já venho compartilhando alguns fragmentos dessas reflexões em aulas e supervisões de Arteterapia oferecidas por mim, em alguns *posts* de conteúdo na *fan page* do "Não Palavra" e em textos anteriores, que hoje vejo como embrionários da articulação que vem tomando forma: "Política e Arteterapia: Plateia e Canção" e "O mundo necessita de arte". O presente texto dá-se como segmento dessa articulação.

Há cerca de um ano comecei a experimentar uma sensação que, tenho certeza, também é sentida por outras pessoas. Atualmente, quando sentamos para assistir um jornal ou nos informar sobre o que está acontecendo no mundo, no nosso país, estado, município, experimentamos uma sensação de estranheza. Se fôssemos enumerar cada um dos fatos que nos estarrecem, nas mais variadas esferas e segmentos, faltariam tempo e espaço, tamanha a avalanche de conteúdos e velocidade de acontecimentos.

Profundamente imersa nesse contemplar do mundo em que vivo, encontrei na História da Arte algum eco para minhas inquietações. Afinal, segundo Nise da Silveira:

> O artista é "um homem coletivo que exprime a alma inconsciente e ativa da humanidade". No mistério do ato criador, o artista mergulha até as funduras imensas do inconsciente. Ele dá forma e traduz na linguagem de seu tempo as intuições primordiais, e, assim fazendo, torna acessíveis a todos as fontes profundas da vida. (SILVEIRA, 1981, p 161)

O Dadaísmo

Não por acaso retomei meus estudos sobre o movimento dadaísta, já há algum tempo adormecidos, e lembrei-me de uma de suas características fundamentais: a função política exercida por esse movimento ao expressar o grito contido diante do horror da I Guerra Mundial e também através de seus processos criativos; a busca de algum possível.

Dadá é um estado de espírito.
Breton

O questionamento dos dadaístas era: **"Para onde o excesso de razão nos levou?"**, fazendo crítica à exaltação da razão, característica dos pensamentos filosóficos dos séculos anteriores, com raízes no Iluminismo. Acreditavam que as últimas consequências dessa cultura culminavam na guerra produzida pelos seres humanos daqueles tempos. Alguns desses artistas, inclusive, foram convocados para as frentes da batalha e voltavam estupefatos com o que viam. Assim, nas palavras de Arp:

> Em Zurique, em 1915, tendo perdido o interesse pelos matadouros da guerra mundial, voltamo-nos para as Belas Artes. Enquanto o troar da artilharia se escutava a distância, colávamos, recitávamos, versejávamos, cantávamos com toda nossa alma. **Buscávamos uma arte elementar que pensávamos, salvasse a espécie humana da loucura desses tempos.** (ARP *in* ADES, 2000, p 100)

O dadaísmo ficou conhecido por suas *performances* barulhentas e provocativas exibidas na casa noturna *Cabaret Voltaire*. Promovendo a incoerência em detrimento do sentido, os dadaístas atacavam a crença de que a sociedade podia usar a lógica e a ciência para resolver qualquer problema (FARTHINHG, 2010). Conta-se que ao serem indagados sobre a loucura daqueles espetáculos *nonsense*, em contrapartida questionavam se a loucura estava neles ou nos seres humanos que se matavam e destruíam.

As expressões e obras desses artistas traziam como premissa a desconstrução do tradicionalismo, a quebra do estabelecido. Grandes exemplos são os "*ready mades*" de Duchamp, os quais partiam de objetos funcionais fabricados industrialmente exibidos com pouca ou nenhuma alteração, mas assinados como obras de arte. Duas das obras mais representativas do dadaísmo: "A fonte" e "A roda de bicicleta".

Um observador desatento poderia questionar "isso é arte?" De fato, desafiar as ideias preconcebidas sobre a definição de arte era uma das motivações de Duchamp. Além disso, quando compreendemos seu contexto, podemos visualizar o conceito da obra e a mensagem dada pelo artista sobre a necessidade de uma desconstrução do que o ser humano havia estabelecido até ali, e assim concluímos: é arte. Ao lançar mão de um mictório, virá-lo de cabeça para baixo e chamá-lo de fonte ou ao pousar uma roda de bicicleta em cima de um banco, Duchamp, sutil, mas provocativamente, descontruía as invenções humanas e as concepções instituídas.

Através de seus processos criativos, os dadaístas também exploravam e manifestavam seus movimentos em busca de outros caminhos possíveis para além da razão. Trabalhos movidos pelo acaso, o caos, o não controle, não racionalização e não escolha. Bom exemplo são as colagens de Arp, que em seu processo criativo rasgava desenhos em pedaços e deixava que os fragmentos caíssem, formando um novo padrão, convidando assim o acaso para suas composições.

Em Berlim, o Dadá assumiu uma forma mais ostensiva e política. A invenção da fotomontagem a partir de recortes de jornais e fotografias, usando materiais visuais do mundo à volta e do ambiente familiar, tornou-se uma arma política incisiva e mordaz (ADES, 2010). Podemos citar as fotomontagens de Raoul Hausmann, que as criava abordando eventos políticos contemporâneos e, ao mesmo tempo, desafiando o estilo mais representativo dos expressionistas (FARTHING, 2010).

Vejo aqui um simbolismo muito interessante a ser pensado, pois a partir do processo criativo da colagem, que tanto ganhou força nesse período (no dadaísmo, mas também a partir do cubismo), os artistas intuitivamente começavam, através da arte, a gerar movimentos que reverberariam no coletivo. Buscando algum possível, os artistas através da colagem fracionavam, selecionavam elementos fragmentados, rejuntavam, recompunham, reinventavam, ressignificavam. Processo que instiga a resiliência, individual e coletiva, movimentos que seres humanos abalados pelas destruições das guerras, mais do que nunca, necessitavam acessar.

A LOUCURA E OS ARTISTAS DE NOSSOS TEMPOS

Tomando como inspiração o movimento dadaísta, acredito que devemos pensar sobre a loucura e os artistas de nossos tempos. E tal reflexão tocou-me de forma especial quando soube da manifestação feita pelos funcionários do Theatro Municipal do Rio de Janeiro no dia nove de maio de 2017. Esses artistas de nossos tempos estão impossibilitados de gerir suas vidas e inclusive ir ao trabalho, pois não recebem seus salários há meses, consequência de um Estado falido, como todos sabemos, pelo enlouquecimento de nossos governantes (e naturalmente, a arte é apenas um dos segmentos afetados). Não pude estar presente nesse dia, mas dediquei-me por alguns instantes a pesquisar os registros desse evento na internet (sugiro que o leitor também o faça) e conversar com pessoas que estiveram presentes. Os relatos são unânimes sobre o quão impactante foi o protesto em forma de espetáculo. E, particularmente, fiquei muito emocionada quando assisti ao vídeo de um dos discursos proferidos na manifestação:

> "... **viemos mostrar nossa indignação da maneira que nós sabemos: fazendo arte.** Porque o povo que não cuida da sua

cultura é um povo sem identidade... **Então nós viemos aqui da maneira mais lúdica possível, gritar a nossa indignação, o nosso horror, fazendo arte.** Trazendo para vocês música, canto e dança. Que é o que nós sabemos fazer e queremos voltar a fazer dentro desta casa que é tão amada e tão respeitada pela população do Rio de Janeiro e do nosso país."

Outro grande artista brasileiro que me tem orientado nesses tempos de estranheza é Oswaldo Montenegro, que, em seu poema "Metade", reconhece o poder da arte quando nos sentimos fragmentados:

Que a arte nos aponte uma resposta
mesmo que ela não saiba
e que ninguém a tente complicar
porque é preciso simplicidade para fazê-la florescer
porque metade de mim é plateia
e a outra metade é canção.

O PAPEL POLÍTICO DA ARTETERAPIA NA ATUALIDADE

A partir de todas essas referências, vejo como essencial que seja pensado o ofício do arteterapeuta no cenário atual: alguém que oferece ao social e aos indivíduos um continente suportado pela transferência em que a arte servirá como linguagem diante da estranheza e como busca de possíveis caminhos.

O exercício da arte mobiliza emoções, expressões, tomadas de consciência, senso crítico, pensamentos, ações, movimentos internos e externos, individuais e coletivos. Assim, considero que a Arteterapia coopera para a saúde de sujeitos atravessados por seus horrores e para que voltem para o social em si, aptos a contribuir para que "a roda gire para o outro lado".

É imperativo que nós arteterapeutas tomemos consciência sobre a "loucura dos nossos tempos", e munidos da sensibilidade do artista, a qual guardamos no peito, sejamos movidos a protestar e contribuir para o social, a partir das mais variadas modalidades em Arteterapia, através daquilo que sabemos fazer: arte.

Hoje, enxergo com mais clareza as palavras que escrevi no texto que iniciou essa reflexão:

> Neste contexto, descobri a resposta para as minhas perguntas pessoais sobre qual é o meu papel como cidadã brasileira neste cenário cheio de nuances e perspectivas, pouco exploradas. Para além do imperativo de um posicionamento partidário e ideológico, **perante a pergunta: "Qual é seu posicionamento político?" eu respondo: "Sou arteterapeuta".**
>
> Em meu ofício como arteterapeuta promovo um espaço de afeto e acolhimento em meio ao clima de ódio. Quando as relações humanas estão em crise, promovo um grupo arteterapêutico em que os participantes se pensam em suas relações interpessoais no grupo e no coletivo. Enquanto o ser humano produz para si o caos e o sofrimento, promovo um espaço em que produzem arte! (MORAES, 2018, p 201)

Reconhecer e me apoderar do papel político da Arteterapia nos dias atuais é o ***meu possível***, a orientação que encontrei para meu estar e agir no mundo em que habito. Sigo acreditando que minha micropolítica é "simples", e Oswaldo

Montenegro lembra-me que é preciso simplicidade para que a arte possa florescer. Assim, considero-me lutando diante da guerra em que vivemos atualmente, não uma guerra nomeada, muito perigosa, justamente por não ser declarada.

Aos arteterapeutas que se possam identificar com essa reflexão, lembro que se o movimento "**... dada era um modo de ser, e o melhor palco para o dadaísta era a vida...**" (BRADLEY, 2014), da mesma forma, ser arteterapeuta é um modo de ser, e o melhor palco para o arteterapeuta é a vida.

Do Impressionismo à Arteterapia: um convite à extroversão

Publicado em 11/02/19

No percurso do grupo de estudos "Teorias da Arte e Arteterapia", em algum momento deparamo-nos com o movimento impressionista e nele mergulhamos por alguns meses. Impulsionada por esse estudo, inicio aqui uma série de três textos por meio dos quais compartilho possíveis contribuições do movimento impressionista para a prática do arteterapeuta.

O Impressionismo

O Impressionismo foi um movimento artístico iniciado na França, entre 1860 e 1870. Nasceu com a ligação de Monet e Renoir e, como movimento, apresentou-se pela primeira vez ao público em 1874, com uma exposição de "artistas independentes" no estúdio do fotografo Nadar.

Esses artistas tinham em comum a aversão à arte acadêmica e a recusa dos hábitos e métodos de ateliê; sendo assim, realizavam um estudo ao vivo, direto e experimental. Rompendo as quatro paredes da academia, trabalhavam de preferência às margens do rio Sena, propondo-se a exprimir a sensação visual e representar da maneira mais imediata e flagrante a impressão luminosa e a transparência da atmosfera e da água. De fato, o termo "Impressionismo" nasceu de um comentário irônico atribuído a uma pintura de Monet chamada "Impressão, nascer do sol", mas no fim das contas, o nome foi adotado pelo grupo de artistas.

Os impressionistas ocupavam-se exclusivamente da sensação visual, e defendiam que **a experiência da realidade que se realiza com a pintura é uma experiência plena e legítima.**

Esse movimento, que rompeu decididamente as pontes com o passado, abriu caminho para a pesquisa da arte moderna. Nesse momento de conversão histórica, o pensamento analítico do artista estava sendo substituído pela sua visão. Os pintores impressionistas eram verdadeiros pesquisadores da impressão óptica do que era luminoso e transitório, no instante daquela impressão, e, como resultado na imagem conhecida como pintura "retiniana", a cor era exaltada e a forma, de certa maneira, negligenciada.

Do Impressionismo à Arteterapia

A articulação entre a História da Arte e a Arteterapia tem sido uma das minhas grandes paixões. Através da História da Arte instrumentalizamos nossa escuta para a cultura, o social que nos compõe, e para o indivíduo que nele está inserido e nos procura "em dor".

A clínica da Arteterapia apresenta-me um perfil de pacientes que são um grande desafio para a clínica da psicologia, sustentada prioritariamente a partir da linguagem verbal: pacientes que demonstram um grande esvaziamento, empobrecimento, embotamento, como em quadros depressivos graves. Ou de forma mais ampla, pacientes que fizeram um extremo investimento de energia psíquica para dentro, qual seja, um movimento de introversão. Esse esvaziamento faz-se apenas de forma aparente, pois no mundo interno são sujeitos em ebulição, mergulhados em seus conteúdos psíquicos e pensamentos obsessivos. Dessa forma, o mundo externo mostra-se ameaçador. Segundo Jung:

> Quanto maior a multidão, maior se torna a resistência. Não está de modo algum "com ela" e não tem nenhum prazer no ajuntamento entusiasmado. Não se mistura bem. Tudo o que faz, o faz a seu modo, **pondo barricadas contra a influência de fora**... Sob condições normais, é pessimista e preocupado, porque **o mundo e os seres humanos não são nem um pouco bondosos, e sim o esmagam...**
>
> Esses esforços veem-se constantemente frustrados pelas impressões avassaladoras recebidas do objeto; esse continuamente impõe-se a ele contra a sua vontade, fazendo surgir nele os mais desagradáveis e intratáveis efeitos, perseguindo-o a cada passo. **Uma tremenda luta interior faz-se necessária a cada passo para "continuar em frente".** (JUNG *in* SHARP, 1991, pp 100-101)

No trabalho com esse perfil de pacientes, podemos tomar como inspiração a história dos pintores impressionistas, que **não se contentaram com os interiores da academia e, em um ato simbólico, deslocaram-se para fora e lançaram-se às experiências com a natureza.** Seus olhares curiosos não estavam mais para os modelos, objetos e técnicas acadêmicas, mas passaram a buscar suas impressões ao olhar para o exterior.

A primeira possibilidade que aqui visualizamos, quando for possível ao paciente, dá-se ao estimularmos que exercite seu olhar para fora. Atendimentos externos, seja no pátio da instituição, nos arredores do consultório ou até mesmo abrindo a janela: um olhar para além das "quatro paredes". Vale ressaltar que em nossa contemporaneidade, o excesso de informações e a aceleração da vida cotidiana também nos roubam a capacidade de contemplação, a oportunidade de demorar-se em observar a natureza e os acontecimentos ao redor. Interessante destacar também que, em tempos de hiperinvestimento nas chamadas "realidades virtuais" no seio de uma contemporaneidade atravessada pela cibercultura, o investimento para deixar-se impressionar pelas percepções sensoriais traz experiências de vida. Exercitar um olhar impressionista a cada dia é um desafio para todos nós.

Voltando ao cenário da introversão, a clínica mostra-nos a verdadeira luta interior travada pelo sujeito no eixo "para dentro" e "para fora". A relação com o próprio terapeuta e a formação do vínculo já se configuram um grande desafio. O diálogo, então, é um penoso trabalho. A arte, assim, apresenta-se como um elemento terceiro, amenizador desse enfrentamento. O olhar e as forças projetivas são divididos, o que facilita ao sujeito baixar as resistências e, em meio ao criar, expressar-se.

Além disso, o criar naturalmente fará uma força contrária, um empuxo de conteúdos psíquicos "para fora", ganhando forma, cores, concretude, matéria, contribuindo para um movimento de energia na direção do mundo exterior:

> A extroversão caracteriza-se pelo **interesse pelo objeto externo**, pela responsabilidade e pela pronta aceitação dos acontecimentos externos, pelo **desejo de influenciar e ser influen-**

ciado pelos acontecimentos, pela necessidade de aderir e de "estar com"... (JUNG *in* SHARP, 1991, p 63)

Cada trabalho produzido no *setting* arteterapêutico é efetivamente "um trabalho" para aquele sujeito com investimento de energia tão reduzida para os objetos. Aquele resultado que muitas vezes mostra-se empobrecido imageticamente, já demandou grande esforço, e aí está nosso estímulo como arteterapeutas. A nós, cabe o desafio de ter paciência e empatia para com esse processo de reinvestimento de energia psíquica com mundo externo.

O diálogo com os pintores impressionistas convida-nos à extroversão, inspira-nos a experiências de vida e a nos deixarmos afetar e impressionar com aquilo que nos cerca. Nos próximos textos seguirei compartilhando aspectos desse riquíssimo movimento da História da Arte e suas possíveis aplicabilidades às práticas da Arteterapia.

Do Impressionismo à Arteterapia: da cor à vida

Publicado em 18/02/19

A franja da encosta cor de laranja, capim rosa-chá
O mel desses olhos luz, mel de cor ímpar
O ouro ainda não bem verde da serra, a prata do trem
A lua e a estrela, anel de turquesa
Os átomos todos dançam, madruga, reluz neblina
Crianças cor de romã entram no vagão
O oliva da nuvem chumbo ficando pra trás da manhã
E a seda azul do papel que envolve a maçã
As casas tão verde e rosa que vão passando ao nos ver passar
Os dois lados da janela
E aquela num tom de azul quase inexistente, azul que não há
Azul que é pura memória de algum lugar
Teu cabelo preto, explícito objeto, castanhos lábios
Ou pra ser exato, lábios cor de açaí
E aqui, trem das cores, sábios projetos: Tocar na central
E o céu de um azul celeste celestial.

Caetano Veloso em "Trem das cores"

A música de Caetano Veloso ilustra-nos em versos um olhar impressionista. A impressão que nos passa é que ele passeia pela cidade com os canais perceptivos aguçados sobre os objetos e suas cores. A partir desse aquecimento, damos continuidade à série de textos que aborda possíveis inspirações que o movimento impressionista pode proporcionar ao arteterapeuta.

As motivações iniciais do grupo de pintores impressionistas davam-se em realizar um estudo ao vivo, direto e experimental, trabalhando de preferência às margens do rio Sena. A ideia era representar da maneira mais imediata, com uma técnica rápida e sem retoques, a "impressão luminosa e a transparência da atmosfera da água" (ARGAN, 1993). Estavam fixados, assim, na absoluta pureza da sensação visual, inaugurando toda uma nova pesquisa baseada na percepção:

> Se **o artista propõe-se a exprimir a sensação em estado puro,** antes de ser elaborada e corrigida pelo intelecto, é porque ele julga que a sensação é uma experiência autêntica, e a noção intelectual uma experiência não autêntica, viciada por preconceitos ou convenções. A sensação, portanto, não é um dado, mas um estado de consciência; ademais, **a consciência** não se realiza na experiência vivida e refletida, e, sim **na experiência que se vive. Identifica-se, pois, com a própria existência.** (ARGAN, 1993, p 7)

Nessa proposta de uma experiência sensorial, apresentou-se uma questão. Monet propunha a eliminação de todos os intermediários entre ele e o objeto: deixou de lado não apenas as convenções de ateliê, mas também o sentimento e a sensibilidade. Seu foco era tão somente a percepção: "a pintura não deve representar o que está diante dos olhos, e, sim, o que está na retina do pintor".

Mas tal perspectiva não era um senso comum entre os impressionistas. Sisley, por exemplo, não conseguia se afastar inteiramente do sentimento da natureza para colocar unicamente a questão visual. Esse pintor concedia-se tempo para reconhecer a espécie das árvores; nas casas, a disposição das paredes, do teto... Detinha-se, assim, na sensibilidade.

Já Edgar Degas entendia que não é possível existir um novo jeito de ver sem um novo jeito de pensar, sendo o artista um ser empenhado em captar a realidade, em apropriar-se do espaço. Para Degas:

> Não é apenas uma questão da vista, como declarava Monet: o impulso da inteligência que quer ver e captar é também um gesto da mão, de todo o ser físico e psíquico. Não é contemplação... Não é estático, mas dinâmico; como a existência é um todo, não há separação entre o sujeito que vê e o objeto visto. (ARGAN, 1993, p 106)

Independentemente das diferentes visões, na imagem impressionista a forma era de certa maneira negligenciada, e tudo se apresentava à vista dos artistas através da cor. Isso se dava porque ao observarem as paisagens, a quantidade de luz identificava-se com a quantidade de cores. Acreditavam que "O pintor trabalha com as cores, assim como o poeta trabalha com as palavras." Kandinsky, ao falar de Cézanne, dizia que este:

> Elevou a "natureza morta" ao nível de objeto exteriormente "morto" e interiormente vivo. Tratou os objetos como tratou o homem, pois tinha o dom de descobrir a vida interior em tudo. **Captura-os e entrega-os à cor. Recebem dela a vida – uma vida interior.** (KANDINSKY, 1990, p 50)

Em resumo, os impressionistas fizeram história quanto ao uso das cores:

> Hoje, um século depois do grande cisma que mudou a história da arte... tendemos a não perceber esse dado fundamental: a descoberta da cor como matéria autônoma da pintura. Antes, a cor da pintura era a cor das coisas, das roupas, das casas, das pessoas – e por isso ela aparecia no quadro conforme as características dos objetos e da luz ambiente. A libertação começa com os impressionistas e chega à sua plenitude com Matisse que, em alguns de seus quadros, a despoja de toda e qualquer dependência naturalista. (GULLAR, 2012, p 39)

Do Impressionismo à Arteterapia

Do que apreendemos da história dos impressionistas, nossa primeira inspiração dá-se em estimular que o experimentador da Arteterapia invista em abrir seus canais perceptivos para aquilo que os cerca. Acredito que, como terapeutas, não nos interessa fazer uma diferenciação da percepção visual para experiência humana de forma ampla. Ainda assim, a ampliação do olhar e o deixar-se impressionar com a "natureza" promovem uma ação de ampliação de perspectivas da visão sobre a vida como um todo.

O despertar sobre as cores dos objetos e transpô-las para trabalhos plásticos tem a ação, conforme Kandinsky, de trazer vida. Cor é energia psíquica, emoções, afetos. Investir em cores é trazer vida para que pacientes "exteriormente mortos" reencontrem uma vida interior.

Outra inspiração bastante interessante dá-se no fato de que os impressionistas tinham uma relação muito próxima com a cidade. Ao transporem as quatro paredes da academia, deslocaram-se inicialmente para as margens do rio Sena, e dali partiram para outras paisagens de Paris e da França em geral.

Nesse contexto, podemos trazer como estímulo gerador a relação do experimentador da Arteterapia com a sua cidade. Esse tema foi vivenciado por um grupo arteterapêutico de idosos que coordenei em setembro de 2018. Nesse dia, refletimos sobre nossas impressões, percepções e relações com o Rio de Janeiro. Pensamos sobre as cores da cidade, aquecidos por fotografias de pontos turísticos. Pudemos observar que cada fotografia trazia uma cor predominante: verde, azul, amarelo, lilás...

Levei ao grupo imagens com traços minimalistas de pontos turísticos da cidade, pedindo que eles trouxessem as cores do Rio de Janeiro para cada um deles, não necessariamente as cores literais, mas cores a partir de suas experiências com o lugar onde vivem. O material foi lápis aquarelável, para facilitar a experiência da pintura e mistura de cores em tons e *degradês*.

Sem dúvida, esse foi um encontro riquíssimo em que cada um pôde experimentar-se como um impressionista do Rio de Janeiro.

O ideal para essa atividade seria, naturalmente, que estivéssemos às margens dos pontos turísticos. Não havendo, porém, tal oportunidade, trabalhamos, sem prejuízo da técnica, com fotografias desses pontos.

Aliás, a amizade entre a fotografia e a pintura para a prática da Arteterapia é o tema do próximo texto.

Do Impressionismo à Arteterapia: a amizade entre a fotografia e a pintura*

Publicado em 25/02/19

> Nada acontece quando você fica em casa. Eu sempre faço disso uma razão para carregar a câmera comigo o tempo todo... Eu só fotografo o que me interessa naquele momento. *Elliot Erwitt*

"Carregar a câmera" consigo o tempo todo, esse é um hábito que todos nós, imersos na cibercultura, adquirimos nos últimos tempos. "Sair de casa" simboliza o olhar para fora, ou seja, o movimento de extroversão. Eis o cenário perfeito para que grandes experiências aconteçam aos olhares interessados naquele instante.

Neste texto, vamos pensar sobre a relação histórica da fotografia com a pintura, o diálogo dos impressionistas com a fotografia e possíveis aplicabilidades dessa amizade para a prática da Arteterapia.

O Impressionismo

> A fotografia é uma forma de ficção. É ao mesmo tempo um registro da realidade e um autorretrato, porque só o fotógrafo vê aquilo daquela maneira. (GERARD CASTELLO LOPES)

---

* Fonte das citações utilizadas neste texto: "20 frases essenciais sobre fotografia" Disponível em: https://iphotochannel.com.br/inspiracao-em-fotografia/20-frases-essenciais-sobre-fotografia Acesso em 29/09/19

A invenção da fotografia (1839) e seu rápido processo técnico gerou um problema entre as técnicas artísticas e as novas técnicas industriais, especialmente para a pintura. Com a difusão da fotografia, que reduz os tempos de exposição e permite alcançar o máximo de precisão, muitos serviços sociais passam do pintor para o fotógrafo. A crise atinge, sobretudo, os pintores de ofício, que se ocupavam dos retratos, vistas de cidades e campos, reportagens, ilustrações etc. (ARGAN, 1993).

A utilização generalizada da fotografia promoveu, na segunda metade do século XIX, uma profunda influência sobre o direcionamento da pintura e o desenvolvimento das correntes artísticas (como a abertura do caminho para as pinturas abstratas, mais adiante).

O impressionismo está estreitamente ligado à divulgação social da fotografia. Ponto em comum, o interesse pela pesquisa óptica para aquele instante. De fato, é difícil dizer se era maior o interesse do fotógrafo por aqueles pintores ou dos pintores pela fotografia. O que é certo é que uma das motivações para a reformulação da pintura foi a necessidade de redefinir sua essência e finalidade diante do novo instrumento de apreensão da realidade.

Apesar dessa "inimizade", os impressionistas utilizavam, sem problema algum, materiais de imagens fornecidas pela fotografia. Essa torna visíveis inúmeras coisas que o olho humano, mais lento e menos preciso, não consegue captar, trazendo para o visível muitas outras coisas: por exemplo, os movimentos das pernas de uma dançarina ou um cavalo a galope, como também os universos do infinitamente pequeno e do infinitamente grande, revelados pelo microscópio e pelo telescópio, objetos que passam a fazer parte da experiência visual e, portanto, da "competência" do pintor.

Assim, podemos afirmar que a fotografia contribuiu para aumentar o interesse dos pintores pelo espetáculo social. Os fotógrafos, por sua vez, mesmo deixando-se guiar de bom grado pelo gosto dos pintores na escolha e preparação dos objetos, jamais pretenderam concorrer com a pesquisa da pintura. Nadar, um grande fotógrafo, foi amigo dos impressionistas, tendo acolhido a primeira exposição deles em seu próprio estúdio em 1874, mas nunca tentou fazer fotografias impressionistas. Ele percebia que a estrutura de sua técnica era profundamente diferente da que é própria da pintura.

Edgar Degas não gostava de pintar paisagens, mas tinha interesse pelo mundo presente. Por muitas vezes recorreu sem preconceitos ao auxílio da fotografia, que revela aspectos ou momentos verdadeiros que escapam à vista. Para o artista, como a fotografia, a pintura devia ver e tornar visíveis coisas que o olho não vê. Mas a fotografia apresenta um instante, e a pintura uma síntese do movimento; por isso, a pintura não poderia ser substituída pela fotografia (ARGAN, 1993).

Do Impressionismo à Arteterapia

> A câmera é um instrumento que ensina a gente a ver sem a câmera. (DOROTHEA LANGE)

O ato de fotografar demanda que nossos olhos estejam abertos para o mundo externo. Que sejam impressionados pelos detalhes, as sutilezas, os encantos, os "interessantismos", o inusitado. O que você vê? O que o desperta? O que o toca?

Retomando o contexto do primeiro texto desta série, aos pacientes introvertidos faz-se grande estímulo quando propomos que tente fotografar aquilo que lhes chama a atenção em seu cotidiano, por "menor" detalhe que seja. Certa vez uma paciente fotografou e me mostrou seu prato de comida, chamando a atenção para as cores e formas, além de me descrever seus sabores. De fato, para alguém tão embotada, uma experiência sensorial que a convidava para a vida.

Esse despertar do olhar também pode ser feito na companhia do terapeuta em atendimentos externos, podendo estimular a partir da relação transferencial a exploração de diversas paisagens, imagens do cotidiano, pessoas, objetos etc.

Dentro do *setting* arteterapêutico, é possível enriquecer as percepções quando propomos ao paciente que fotografe seus trabalhos. Algumas surpresas mostram-se quando observamos a imagem original e a comparamos com a imagem na fotografia. Novas projeções podem surgir e ser trabalhadas. Esse recurso torna-se mais profundo e eficaz com os trabalhos tridimensionais. Constituídos, esses, por definição, de diversas perspectivas, podem ser explorados ao olhar atento do autor/fotógrafo em seus diversos ângulos e possibilidades, escolhendo assim aquele(s) que mais o impressiona(m).

Fotografar algo que nos chama a atenção tornou-se um hábito em nossa cultura, e como arteterapeutas, podemos fazer bom uso desse instrumento. Há algum tempo, uma paciente chegou para a sua consulta impactada com um objeto que havia capturado seu olhar durante o trajeto. Uma imagem de Nossa Senhora, virada de costas em cima de um taco. Ainda sob o efeito desse encontro, ela rapidamente fotografou a cena e trouxe para sua sessão impressionada com a força da sincronicidade: ela estava justamente trabalhando em sua terapia a necessidade de dizer não para seu filho e colocar-lhe um limite. Sua sensação era de que estava, como mãe, virando as costas para o filho.

Muito haveria para falarmos com base na fotografia trazida pela paciente, mas embasada nos impressionistas, sugeri que não ficássemos apenas com a fotografia, mas que ela a usasse para criar a própria imagem, que fizesse um desenho a partir daquela cena que rapidamente fotografou.

A experiência aprofundou-se sobremaneira, pois ao transportar a imagem da fotografia para o desenho, a paciente visualizou algumas carrancas na barra do manto de Nossa Senhora. Carranca, imagem simbólica: uma escultura de madeira a princípio utilizada nas proas das embarcações; compostas como expressões endurecidas de homens ou animais, que tinham como objetivo espantar os maus espíritos, por isso eram utilizadas como amuletos de sorte. Assim acolhemos as expressões endurecidas para espantar os "maus espíritos" do caminho da relação, entre mãe e filho, buscando o retorno de sua sorte.

Estudar História da Arte no diálogo com a Arteterapia é uma fascinante jornada. Descobrimos verdadeiras riquezas teóricas e possibilidades práticas. Do Impressionismo, podemos extrair como alguma das inspirações, o convite a deixar-nos impressionar com o externo, com a natureza, com as cores. Somos estimulados a verdadeiras experiências de vida.

REFERÊNCIAS

ADES, Dawn. "Dadá e Surrealismo" in *Conceitos de Arte Moderna.* Nikos Strangos (org.). Rio de Janeiro: Jorge Zahar Editor, 2000.

ARGAN, Giulio. *Arte Moderna*. São Paulo: Companhia das Letras, 1993.

BRADLEY, Fiona. *Surrealismo – movimentos da arte moderna.* São Paulo: Cosac Naif, 2004

FARTHING, S. *Tudo sobre arte: Os movimentos e as obras mais importantes de todos os tempos.* Rio de Janeiro: Sextante, 2010.

GULLAR, F. *Arte contemporânea brasileira*. São Paulo: Lazuli, 2012.

KANDINSKY, W. *Do espiritual na arte.* São Paulo: Martins Fontes, 1990.

MORAES, E. *Pensando a arteterapia.* Divino de São Lourenço: Semente Editorial, 2018.

SHARP, D. *Léxico junguiano*. São Paulo: Cultrix, 1991.

SILVEIRA, N. *Jung: Vida e obra*; 7ª ed. Rio de Janeiro: Paz e Terra, 1981.

ARTETERAPIA:

PROFISSÃO, PERCURSO E SENTIDO

Traduzir-se uma parte na outra parte... será arte!!!: um ensaio para 2018

Publicado em 11/12/17

Sobre o mesmo chão está o muro
e o lado de lá, que você esqueceu.
Meu chão é o mundo,
tem dois lados em guerra.
Meu mundo é este chão
onde você cresceu e eu também.
Ao redor de muitos,
me apontaram as cercas e os muros,
Eu quis o caminho...

Marcos Almeida em "Sobre o mesmo chão"

Caminhando para o fim de 2017 e, olhando para trás, começamos a refletir sobre aquilo que se passou e aquilo que está por vir. Já há algum tempo venho aguçando minha escuta a partir da clínica da Arteterapia e da psicoterapia sobre as demandas terapêuticas trazidas pelos indivíduos que se mostram como reflexos do cenário coletivo. Penso que faz parte das articulações e estudos de qualquer terapeuta o movimento do social para a compreensão do sujeito angustiado, inserido na cultura. Recentemente dei mais alguns passos em meu estudo sobre o papel da arte e do artista (no qual tenho inserido o arteterapeuta como função no social da atualidade) e pude aprofundar-me na percepção da importância deste que Kandinsky até mesmo chama de profeta:

> Então sempre **surge um homem, um de nós, em tudo nosso semelhante, mas que possui uma força de "visão" misteriosamente infundida nele. Ele vê o que será e o faz ver.** Por vezes desejaria libertar-se desse dom sublime, dessa pesada cruz sob a qual verga. Mas não pode. Apesar das zombarias e do ódio, atrela-se à pesada carroça da humanidade, a fim de soltá-la das pedras que a retêm e, com todas as suas forças, impele-a para a frente...
>
> **Aquele que, entre eles, é capaz de olhar além dos limites da parte a que pertence é um profeta para os que o cercam. Ele ajuda a fazer avançar a carroça recalcitrante...** Essa multidão tem fome – muitas vezes sem que ela própria esteja consciente disso – do pão espiritual que convém às suas necessidades. (KANDINSKY, 1991, pp 31-36)

Sem dúvida, uma das questões que mais apareceu em minha clínica, individual e grupal ao longo de 2017, foi sobre relacionamentos, especialmente os atritos que em última análise tiveram como disparador inicial a intolerância ao outro, ao diferente. Assuntos não faltam, dentre eles, religião e política. Essa última preocupa-me de forma especial, pois sou tomada por uma sensação muito estranha quando penso que no próximo ano teremos eleições federais e estaduais, e, a partir da minha sensibilidade advinda da arte, visualizo um campo de guerra generalizado em nossa terra.

Um fenômeno de massa que faz crescer as cercas e os muros, dois lados em guerra, uns pela direita e outros pela esquerda, e todos se esquecem de que estamos no mesmo chão. Os conflitos invariavelmente partem de um discurso polarizado: o ser humano com seu "eterno dom" de se bipartir e oscilar entre os polos opostos.

Atendendo à convocação para o artista que, "apesar das zombarias e do ódio, atrela-se à pesada carroça da humanidade, a fim de soltá-la das pedras que a retêm e, com todas as suas forças, impele-a para frente...", tenho me inspirado nas **cores** para colocar pessoas diante de suas polaridades, para que, no diálogo com/entre elas, percebam que "as partes" habitam em cada um de nós, e é justamente a não integração delas que promove o fenômeno da projeção no outro daquilo que não aceito em mim. Assim, dispersam-se as prioridades, como relação e afeto, e instala-se o clima do ódio.

Naturalmente, o primeiro polo em cores que visualizamos é o preto e branco. Binômio carregado de conceitos (e também preconceitos) culturais que podem encarnar significados como bom e mau, certo e errado, luz e sombra, e tudo o mais que cada subjetividade pode projetar. Mas muitas vezes nos dispersamos de quantas possibilidades existem entre o preto e o branco, as diversas tonalidades de cinza que nos colocam em contato com aquilo que a arte nos presenteia: o ***degradê***.

Mas antes que nossos preconceitos nos afastem do cinza, trago a canção/poesia de Mateus Aleluia, que me orienta à ressignificação dessa cor tão generosa:

Na linha do horizonte tem um fundo cinza
Pra lá dessa linha eu me lanço, e vou
Não aceito quando dizem que o fim é cinza,
Se eu vejo cinza como um início em cor

Quando tudo finda, dizem, virou cinza
Equívoco, pois cinza cura, poesia eu sou

O traje cinza lembra fidalguia
Quarta-feira cinza é dia de louvor

Vamos celebrar, o amor há de renascer das cinzas
Vamos festejar o cinza com amor
Gota de orvalho prateada é cinza
Massa encefálica é cinza, amor

A purificação também se faz com cinza
Fênix renasceu das cinzas com honor

Só quero dengo quando o dia é cinza
Ler poesia e cantar ao sol

Dedilho a viola e sonho colorido
E vejo no amante que o cinza desnudou

Vamos celebrar, o amor há de renascer das cinzas
Vamos festejar o cinza com amor

Mateus Aleluia em "Amor Cinza"

Outra possibilidade de experienciar as polaridades através das cores acontece quando exploramos o círculo cromático. Pela teoria das cores, há aquelas que são opostas no círculo cromático causando um contraste com base na oposição de valores cromáticos. Formam-se os binômios que provocam efeitos de tensão e fusão espacial: vermelho/verde, amarelo/roxo, azul/laranja (OSTROWER, 1983). Experimentar essas polaridades através de colagens ou pinturas coloca-nos em diálogo com alguns dos paradoxos que nos habitam enquanto seres humanos. Mas vale ressaltar a sabedoria da teoria das cores quando nos diz que elas são "opostas e complementares": formadas por uma cor primária (vermelho, amarelo, azul) e a secundária composta pelas outras duas (verde, roxo, laranja, respectivamente).

O "TRADUZIR-SE" AOS ARTETERAPEUTAS

Tenho oferecido a experiência com as **"cores opostas complementares"** em diversos contextos da minha prática. Em especial, porém, tenho proposto esse mergulho especificamente aos arteterapeutas da minha rede de influência por acreditar com toda minha energia que só poderão oferecer ao social a integração das polaridades através da Arteterapia aqueles que estiverem em profundo contato com suas próprias metades, antagonismos, contradições... Como disparadora de grandes *insights*, podemos nos inspirar na poesia "Traduzir-se" de Ferreira Gullar, que retrata a condição das partes que o habitavam e aponta para a arte como um caminho possível:

Uma parte de mim
é todo mundo;
outra parte é ninguém:
fundo sem fundo.

Uma parte de mim
é multidão:
outra parte estranheza
e solidão.

Uma parte de mim
pesa, pondera;
outra parte
delira.

Uma parte de mim
almoça e janta;
outra parte
se espanta.

Uma parte de mim
é permanente;
outra parte
se sabe de repente.

Uma parte de mim
é só vertigem;
outra parte,
linguagem.

Traduzir-se uma parte
na outra parte
— que é uma questão
de vida ou morte —
será arte?

Está posta a arena para o embate entre as polaridades. Polos opostos projetados no outro, mas que efetivamente habitam na humanidade de cada um. Reconhecer as partes que dialogam/se digladiam no interior de cada sujeito é o grande desafio lançado. Responderemos à pergunta de Ferreira Gullar, **traduzir uma parte na outra parte será uma arte!** Que nós, arteterapeutas, estejamos prontos e a postos para oferecermos ao social os materiais propícios para a integração das polaridades nas esferas individual e coletiva.

O sentimento do mundo: Drummond e o arteterapeuta

Publicado em 02/07/18

Tenho apenas duas mãos
e o sentimento do mundo.

Carlos Drummond de Andrade

O tempo de gestação deste texto iniciou-se na última semana de maio (2018), às vésperas do dia 27, data em que foi marcado inicialmente o lançamento do livro *Pensando a Arteterapia* – volume 1. Poucos sabem, mas ao longo do mês de maio eu trazia um peso no peito e não sabia o porquê. As pessoas me abordavam animadas sobre o evento tão esperado e, estranhamente, eu me esforçava para sorrir e dizer que tudo estava sendo preparado com muito carinho para tal dia especial. Lá no fundo do meu íntimo, eu justificava aquele sentimento talvez com o fato de não estar realmente preparada para tal momento.

Na quinta feira 24, porém, para a minha "surpresa" recebi um telefonema da editora informando que os livros estavam presos em São Paulo por conta da greve dos caminhoneiros, iniciada naquela semana. Além disso, comecei a ouvir de pessoas queridas que estariam impossibilitadas de participar do evento pela dificuldade de locomoção e segurança.

Apesar do susto, não foi uma surpresa. E ali pude compreender parte daquela sensação estranha que eu guardava intuitivamente.

Nesse momento, eu, que já estava acompanhando os movimentos do nosso país naquela semana intensa, passei a prestar mais atenção em cada desdobramento daquela verdadeira paralisação nos campos do coletivo e individual aos quais tive acesso. Sem entrar no mérito político, mas emprestando meu corpo, percepções e sensações para aquele momento social tão emblemático.

Afinal, essa é a função do artista. Dentre a pluralidade humana, o artista é portador de uma sensibilidade singular para a percepção e compreensão da natureza, da vida e do cotidiano dos seres humanos, e, a partir daí, dá forma àquilo que vê (além).

Passada a mudança de data do evento e toda a reorganização necessária com todos os envolvidos, continuei a ouvir aquele sentimento – que, embora mais claro, não se havia dissipado. Foi aí que, graças às sincronicidades da vida, alguém soprou no meu ouvido o nome do livro *Sentimento do Mundo*, de Carlos Drummond de Andrade. Poeta com quem tanto me identifico, até mesmo por ser um mineiro de alma e estilo que passou boa parte da sua vida no Rio de Janeiro e tudo o que o Rio contém.

Pessimismo: o poeta que denuncia

Dediquei-me à leitura e reflexão desse livro tão importante para a literatura brasileira. Terceiro livro de Drummond, que inaugura a "fase ideológica" do poeta, relacionando o eu e o mundo. Nessa fase, Drummond demonstra que percebeu o que está acontecendo no mundo e que vai lutar para que mais pessoas também entendam e saiam do estado de alienação. Publicado em 1940, esse livro que traz 28 poemas, reverbera o contexto mundial e brasileiro dentre guerras e ditaduras.

Provisoriamente não cantaremos o amor,
que se refugiou mais abaixo dos subterrâneos.
Cantaremos o medo, que se esteriliza os abraços...

Drummond em "Congresso Internacional do Medo"

Sentimento do Mundo deve ser lido com calma e atitude meditativa. Nesse texto, destaco fragmentos e dois dos poemas que mais me tocaram e fizeram eco ao meu sentimento do mundo atual:

Chega um tempo em que não se diz mais: meu Deus.
Tempo de absoluta depuração.
Tempo em que não se diz mais: meu amor.
Porque o amor resultou inútil.
E os olhos não choram.
E as mãos tecem apenas o rude trabalho.
E o coração está seco.
...
As guerras, as fomes, as discussões dentro dos edifícios
provam apenas que a vida prossegue
e nem todos se libertaram ainda.
Alguns, achando bárbaro o espetáculo,
prefeririam (os delicados) morrer.

Chegou um tempo em que não adianta morrer.
Chegou um tempo em que a vida é uma ordem.
A vida apenas, sem mistificação.

Drummond em "Os ombros suportam o mundo"

Mais uma vez, muito me identifiquei com Drummond, no momento em que se coloca como observador do mundo ao seu redor e através daquilo que lhe é mais caro, a poesia, investe em chamar a atenção de quem o pudesse ouvir.

Nos dias atuais, basta assistirmos qualquer jornal (mundial ou local) para percebermos o quão estranho está o mundo em que vivemos. E não há como os artistas em sua sensibilidade passarem ilesos ao sentimento do mundo do século XXI.

Chega um tempo em que não adianta fugir ou entregar os pontos. Chega um tempo em que reconhecer a vida é um imperativo. A vida.

Esperança: a busca de sentido

Não serei o poeta de um mundo caduco.
Também não cantarei o mundo futuro.
Estou preso à vida e olho meus companheiros.
Estão taciturnos mas nutrem grandes esperanças.
Entre eles, considero a enorme realidade.
O presente é tão grande, não nos afastemos.
Não nos afastemos muito, vamos de mãos dadas.

Não serei o cantor de uma mulher, de uma história,
não direi os suspiros ao anoitecer, a paisagem vista da janela,
não distribuirei entorpecentes ou cartas de suicida,
não fugirei para as ilhas nem serei raptado por serafins.
O tempo é minha matéria,
o tempo presente, os homens presentes,
a vida presente.

Drummond em “Mãos Dadas”

No grupo de estudos que coordeno, estamos estudando Kandinsky, que teorizou bastante sobre a sensibilidade do artista. Temos refletido justamente sobre o arteterapeuta como participante dessa sensibilidade, mas com o ofício de oferecer a arte para que cada sujeito dê forma aos seus possíveis dentro de um *setting* arteterapêutico.

Percebemos o quão importante é que o arteterapeuta se reconheça como portador dessa sensibilidade perante o mundo e a humanidade. Que entre em contato com ela, a estimule, aqueça, pois a partir dessa sensibilidade poderá abrir canais intuitivos e exercer com propriedade sua função de oferecer os materiais de arte e apresentar as propostas vivenciais – não a partir de seu próprio desejo, mas respondendo às demandas dos indivíduos do tempo presente.

Sua matéria são "os homens presentes", pertencentes a este mundo/país/cidade presentes e suas vicissitudes. Tal consciência colabora para que o arteterapeuta, que tem duas mãos e o sentimento do mundo, ofereça a arte como um "alimento" para a vida presente, pois, segundo Kandinsky:

> Aquele que, entre eles, é capaz de olhar além dos limites da parte a que pertence é um profeta para os que o cercam. **Essa multidão tem fome – muitas vezes sem que ela própria esteja consciente disso – do pão espiritual que convém às suas necessidades.** (KANDINSKY, 1991, p 36)

Para 2019, "a fúria da beleza"

Publicado em 04/02/19

... Então, por favor,
É melhor não mexer nessa dor!
Parece descaso mas é um estrago
passar essa tarde mexendo no horror.
Parece loucura mas é uma tortura
matar essa tarde lembrando o terror.
É melhor não mexer com essa dor!
Com o dia rolando assim lindo e calado,
com as notas musicais de um teclado,
em meio à cidade do ofício e do riso,
do afeto e do lixo, não acho difícil
a gente pescar – a beleza
a gente sacar – a beleza
a gente firmar – a beleza
a gente espiar – a beleza
a gente se amar – na beleza,
pra gente gozar.
Então, por favor,
é melhor não mexer com essa dor!
Parece mentira mas dá ziquizira
roer esta tarde com ódio e bolor.
Parece bobagem mas é sacanagem
perder esta tarde brindando o rancor.
É melhor não mexer com essa dor,
que a tarde é linda, que a tarde é boa
e, antes que seja tarde, boa tarde, amor!

Elisa Lucinda em "Boa tarde, amor"

Iniciei o período sabático vivido na passagem de 2018 para 2019 buscando um esvaziamento. Após um ano de muita atividade, faz-se necessário um desacelerar e silenciamento. Silêncio. Esse é essencial como pausa, mas também como abertura de espaço para o novo.

Em silêncio tentei ouvir o que o novo ciclo teria a me dizer, e é em momentos como esses que as (memórias das) sincronicidades começam a aparecer. Lembrei-me de que ao longo do ano, recorrentemente, impactavam-me algumas publicações do professor Marcos Quintaes que traziam como legenda "Só a beleza nos salvará". Lembrei-me também de que estudar sobre o conceito de Estética para a arte tocou-me quanto àquilo que não é da ordem da futilidade, mas da experiência do Belo. Dediquei-me ao estudo sobre a artista brasileira Beatriz Milhazes, tida por alguns críticos como "um oásis do Belo na arte contemporânea". Por fim, absolutamente não por acaso, no meu aniversário fui presenteada por uma pessoa muito querida, com o livro *A Fúria da Beleza*, de Elisa Lucinda (suas poesias ilustram este texto), e assim compreendi: meu coração está na busca pelo Belo.

Hoje retomo um fragmento de meu primeiro texto de 2018, e percebo que nele permaneço:

> Há algum tempo tenho investido na percepção dos fenômenos sociais da atualidade e estimulado os arteterapeutas que me cercam para que exercitem seu olhar para os movimentos coletivos de seu tempo e do seu campo de influência, e assim orientem seu trabalho e propostas em Arteterapia. Faz parte da função do artista, ao longo da história, emprestar seu corpo,

> sensações e intuições à captação e tradução dos movimentos da humanidade para a esfera objetiva. Conscientizando-se dessa função, podem os arteterapeutas imbuídos dessa sensibilidade orientar suas práticas arteterapêuticas, em propostas estruturadas ou semiestruturadas, para não oferecerem temáticas a partir de seus próprios desejos, mas oferecer os materiais e linguagens expressivas de que as pessoas estão tão carentes e que nos pedem intuitivamente. (MORAES, 2018, p 24)

Esse caminho de desenvolvimento da sensibilidade artística é absolutamente íntimo e pessoal. E aqui reforço meu incentivo para que cada arteterapeuta participe desse esvaziamento de si e (se) ouça como pode exercer seu ofício, oferecendo os materiais e estímulos que o social nos pede. Neste texto, compartilho minha experiência pessoal, que não é "a verdade" ou "a solução", mas a minha contribuição: a experiência do Belo.

A BELEZA COMO RESISTÊNCIA

Estupidamente bela
a beleza dessa maria-sem-vergonha rosa
soca meu peito esta manhã!
Estupendamente funda,
a beleza, quando é linda demais,
dá uma imagem feita só de sensações,
de modo que, apesar de não se ter a consciência desse todo,
naquele instante não nos falta nada.
É um pá. Um tapa, um golpe.
Um bote que nos paralisa, organiza,
dispersa, conecta e completa!
Estonteantemente linda
a beleza doeu profundo no peito essa manhã.

Doeu tanto que eu dei de chorar,
por causa de uma flor comum e misteriosa do caminho...
Me tirou a roupa, o rumo, o prumo
e me pôs a mesa...
é a porrada da beleza!...

Acontece às vezes e não avisa.
A coisa estarrece e abre-se um portal.
É uma dobradura do real, uma dimensão dele,
uma mágica à queima-roupa sem truque nenhum.
Porque é real...

Penso, as vezes que vivo para esse momento
indefinível, sagrado, material, cósmico,
quase molecular.
Posto que é mistério,
descrevê-lo exato perambula ermo
dentro da palavra impronunciável.
Sei que é dessa flechada de luz
que nasce o acontecimento poético...

Violenta, às vezes, de tão bela, a beleza é!

Elisa Lucinda em "A Fúria da Beleza"

Não há dúvidas, temos um ano bastante desafiador pela frente. Como terapeutas, somos convocados a atuar junto a indivíduos afogados em suas dores pessoais e coletivas. Como arteterapeutas, somos portadores de instrumentos expressivos, organizadores, orientadores e criativos através da arte. É necessário resistência, firmeza, tônus, atitude. Foi nesse sentido que o título do livro de Elisa me capturou: *A Fúria da Beleza*, com a força tal qual uma "porrada".

Beleza, reencontrei-me com esta palavra, tão desgastada e desconfigurada pelo senso comum – assim como a palavra "estética" para o campo da arte – como algo exterior, fútil, banal ou vulgar.

No campo da filosofia, o termo estética refere-se a uma **dimensão da experiência** e da ação humana, que possibilita caracterizar algo como belo, agradável, sublime, grandioso, alegre, gracioso, poético, ou então como feio, desagradável, inferior, desgracioso, trágico. Num sentido psicológico, refere-se às experiências e aos comportamentos emocionais que as coisas belas provocam nas pessoas, como sensação de enlevo, sensibilidade, afetividade, profundidade, "eternidade".

Nesse sentido, as vivências arteterapêuticas são grandes promotoras de experiências com a beleza. Através delas proporcionamos aquilo que é sensível, sublime, poético, profundas emoções e sensação de enlevo – que, penso eu, são hoje tão escassos em solo brasileiro. Quando repetimos o bordão "em Arteterapia a estética não é importante", estamos usando tal palavra em um sentido comum. Como arteterapeuta, gosto de trabalhar com a perspectiva de Kandinsky, que fala do "Belo Interior", e é com esse conceito que oriento meu paciente sobre a estética em Arteterapia.

No livro *A Arte como Terapia*, os autores abordam o receio recorrente quanto àqueles que buscam o "gracioso" na arte, como se significasse uma falta de envolvimento com a complexidade e os problemas sociais. Mais ainda, o medo de que o gracioso nos deixe entorpecidos e fiquemos pouco críticos e atentos às injustiças à nossa volta. Porém, defendem:

> A preocupação é que a gente se sinta alegre e contente com excessiva facilidade, com uma visão francamente otimista da vida e do mundo. Em suma, que nos sintamos esperançosos sem justificativa. (...) No entanto... longe de termos uma visão cor-de-rosa e sentimental demais, durante a maior parte do tempo sofremos de excesso de melancolia. Temos grande consciência dos problemas e das injustiças do mundo – só que nos sentimos muito fracos e pequenos diante deles.
>
> A alegria é uma grande proeza, e a esperança merece celebração... Os problemas atuais raramente são criados por gente com uma visão muito cor-de-rosa das coisas; os problemas do mundo nos são apresentados com tanta frequência que precisamos de instrumentos para preservar o ânimo. (BOTTON & ARMSTRONG, 2014, pp 13-16)

No romance *O Idiota*, de Dostoiévski, o protagonista, moço tomado como um bobo, afirma que "somente a beleza salvará o mundo". Sendo tolice ou não, minha oração em 2019 também vem em forma de poesia:

Deus salve as belezas corajosas!
Elas esparramam a atitude e
no seu jeito explícito
o seu Van Gogh.
Estilhaçam as pinceladas a tela da vida,
pintam ousadas, como um Dalí enlouquecido,
seu teor, seu clamor, seu alarido.

Deus salve as belezas corajosas
e proteja o coração de seus vencidos.

Elisa Lucinda em "Reza forte"

"Pensando a Arteterapia" em novas searas

Publicado em 19/02/18

O pequeno período sabático que me propus nos últimos dois meses do ano levou-me a uma viagem no tempo. Meus pensamentos passearam por momentos da minha história, desde 2013, quando intuitivamente decidi começar a escrever para registrar minhas observações e reflexões do dia a dia como arteterapeuta. Revisitei meus primeiros textos e pude reviver as sensações tão primárias de quem está aprendendo a andar. Mas revivi também as sensações de quem continua a caminhar, fortalece as pernas, os passos e, enfim, assume uma marcha. Hoje, a escrita faz parte da minha vida e me compõe.

Sincronicamente, quando voltei ao consultório em meados de janeiro, uma paciente em meio às suas associações contou-me que estava lendo o livro *Romancista por vocação*, de Haruki Murakami. O nome daquele livro capturou minha escuta e guardei-o para que pudesse pesquisar no momento oportuno.

Foi assim que conheci Murakami, considerado um dos autores mais importantes da atual literatura japonesa. Nesse livro, Murakami conta-nos sua história pessoal e sua percepção sobre como se tornou um romancista:

> Afinal, nem eu mesmo entendo direito como me tornei romancista. Não decidi quando era jovem: "No futuro quero ser

> escritor", não estudei para isso, não fiz treinamento especial, ou seja, não segui nenhum passo específico para me tornar romancista. Eu apenas estava fazendo várias coisas na vida, isso e aquilo, e, por impulso e por acaso, acabou acontecendo assim. A sorte me ajudou muito também. Lembrando disso agora acho até assustador, mas fazer o quê? Foi assim que aconteceu. (MURAKAMI, 2017, p 63)

Sorri. Senti um calor no peito quando nessa e em outras passagens do livro encontrei um eco para meus caminhos pela escrita, sobre o que eu trabalho, vivo e acredito.

Murakami relata seu processo para o desenvolvimento de um estilo próprio de escrita (vale a pena conferir os detalhes no livro), mas este, em suma, significou um hábito de SIMPLIFICAR tudo o que era "demais", como palavras difíceis ou belas expressões para impressionar as pessoas e tudo o mais que parecesse pesado:

> ... acredito que... para encontrar um estilo ou um discurso pessoal e original, o necessário de fato é subtrair algo. Parece que viemos acumulando muita coisa ao longo da vida. Estamos sobrecarregados de informações, bagagens... quando tentamos nos expressar, todo esse peso acaba sobrecarregando o motor. E não conseguimos mais nos mover. Nesse caso, temos que jogar fora o conteúdo desnecessário e limpar o sistema para que a nossa mente se torne mais livre e ágil... Eliminar da mente todo conteúdo desnecessário, simplificar e reduzir fazendo a subtração, talvez não seja tão fácil de colocar em prática, apesar de parecer simples. (MURAKAMI, 2017, pp 57-58)

Essa redução ao que há de mais simples possibilitou que continuasse a fortalecer suas pernas, seus passos e, assim, assumir sua marcha. Mais uma vez identifiquei-me com Murakami. Quem acompanha meu trabalho de perto sabe o quanto tenho falado sobre a beleza do retorno ao simples e quantas riquezas encontramos quando aí investimos nossa criatividade.

> Comecei usando esse estilo simples, bem ventilado... e a cada obra que produzia, fui aos poucos acrescentando conteúdos, à minha maneira, em um processo bastante demorado. A estrutura foi se tornando tridimensional e multifacetada e a armação foi ficando cada vez mais espessa, ou seja, fui criando condições para depositar aí uma narrativa maior e mais complexa... o processo de desenvolvimento da minha escrita foi natural, não intencional. Só fui perceber isso mais tarde. (MURAKAMI, 2017, p 58)

Eu seguia minha leitura em um profundo diálogo com o autor, com direito a respostas em voz alta: "Sim, Murakami, a gente só percebe mais tarde."

Sorri mais uma vez quando o autor contou sobre o movimento de se deslocar dos enquadramentos racionais e acessar outras instâncias mais sensitivas e intuitivas no ato de escrever:

> A sensação que eu tinha enquanto escrevia era mais próxima de tocar um instrumento musical do que a de escrever. Até hoje guardo essa sensação na mente, com cuidado. Resumindo, talvez eu utilize mais as sensações corporais e não a cabeça para escrever: garantir o ritmo, encontrar um belo acorde e acreditar no poder da improvisação. (MURAKAMI, 2017, p 30)

Se eu fosse resumir tudo o que li de Murakami em uma palavra, eu diria LIBERDADE. E foi exatamente a isso que ele se propôs:

> ... escrever livremente o que eu sentir, o que vier à minha cabeça, abandonar ideias preconcebidas de que romance tem que ser assim, de que literatura tem que ser assim... Se existe algo de original nos romances que escrevo, acredito que seja o fato de eu ser livre... Penso que na base dos romances que escrevo existe essa sensação de liberdade e espontaneidade... Isso é a minha força motriz. (MURAKAMI, 2017, pp 27/58-59)

Pensando a Arteterapia: meu primeiro livro

Toda esta jornada interior aconteceu porque, em paralelo às minhas memórias e à leitura de Murakami, eu estava em diálogo com a Larissa, da Semente Editorial, para a construção do meu primeiro livro *Pensando a Arteterapia*; trata-se da compilação dos textos de minha autoria publicados no *blog* "Não Palavra" desde sua criação em 2013 até o início de 2017.

Receber cada etapa de edição em meu e-mail fazia com que meu coração batesse mais forte, ainda não acreditando que meu caminho com a escrita estava alcançando novas searas.

Meu desejo é que ele sirva como material de estudo para aqueles que desejam atuar na Arteterapia, mas também como provocador de diálogos – inclusive por meio de discordâncias – pois acredito que é dessa forma que construímos um saber, conscientes de que esse nunca se esgotará.

Assim começa o ano , e quis abrir os trabalhos do *blog* com esta novidade. O *blog* segue seu ritmo semanal de produção de textos. Mas esse espaço só se sustenta com a participação daqueles que se "atrevem" à escrita. O *blog* segue recebendo textos, mantendo-se como um espaço colaborativo.

Minha intenção hoje é incentivar que os leitores do *blog* "Não Palavra" escrevam (para o *blog* e tantos outros espaços), pois eu posso afirmar: vale a pena.

E faço minhas as palavras de Murakami. Escrever...

> ... é uma sensação incrível. Ela é revigorante, como se surgisse mais um dia dentro do dia de hoje. E desejo que, se possível, meus leitores sintam a mesma coisa. Quero abrir uma nova janela na parede do seu coração e levar um ar novo até ele. É o que eu penso e desejo, sempre que estou escrevendo. Do fundo do coração, de forma bem simples. (MURAKAMI, 2017, p 61)

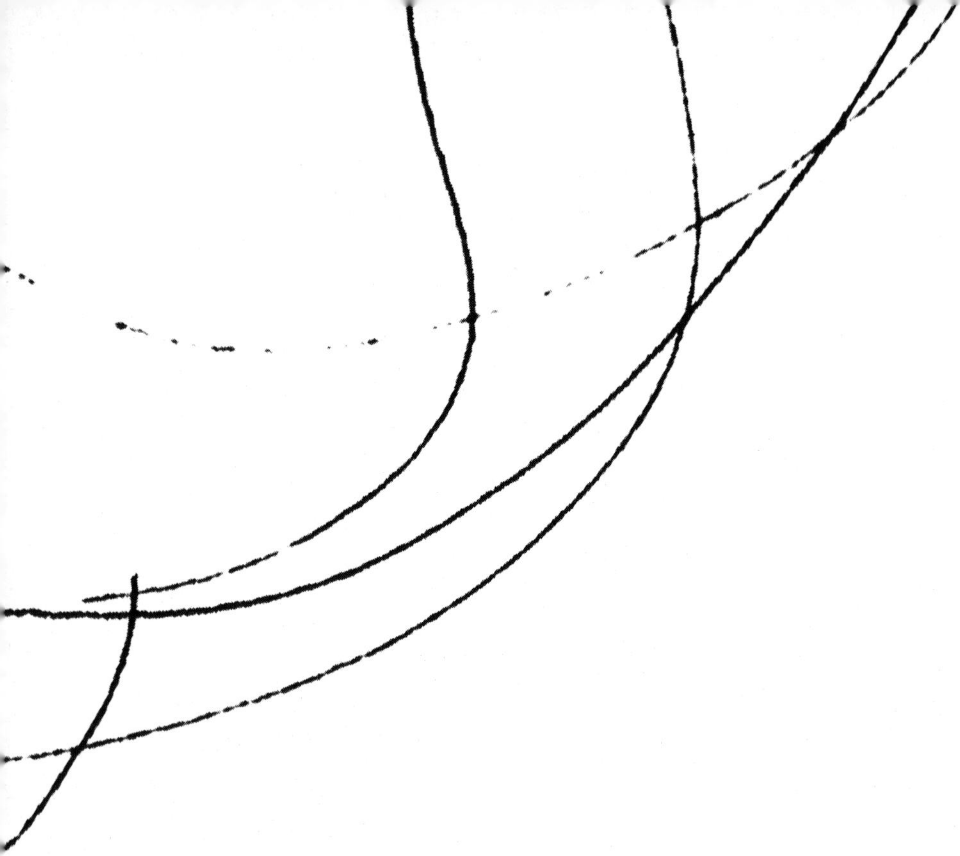

REFERÊNCIAS

ANDRADE, C. D. *O sentimento do mundo*. Coleção Folha: Grandes Escritores Brasileiros. Rio de Janeiro: 2008.

BOTTON, A. de; ARMSTRONG, J. *Arte como terapia*. Rio de Janeiro: Intrínseca, 2014.

KANDINSKY, W. *Do espiritual na arte*. São Paulo: Martins Fontes, 1991.

LUCINDA, E. *A fúria da beleza*. Rio de Janeiro: Atiliada, 2006.

MORAES, E. "Para 2018, olhos de sementes: diálogos com a argila". Blog Não Palavra, 2017.

MURAKAMI, H. *Romancista como vocação*. São Paulo: Alfaguara, 2017.

OSTROWER, Fayga. *Universos da arte*. Rio de Janeiro: Campus, 1983.

AGRADECIMENTOS

A cada dia cresce a rede "Não Palavra", tecida com fios de afeto. Toda gratidão às novas parcerias que se firmaram. A Laila Alves de Souza, que trouxe estrutura aos projetos, a Patrícia Serrano, que organiza os materiais e eventos, e a Ana Paula Calderon, que fecha a equipe "Não Palavra" com a gestão das redes sociais. As parcerias territoriais também cresceram: gratidão a Vera de Freitas, que recebe o "Não Palavra" em sua casa tão acolhedora, o "Centro Cultural Venha Conosco", assim como a Regina Célia Rasmussen do "Espaço Crisântemo", que abriu as portas para que o "Não Palavra" adentrasse solos paulistas. Agradeço também a Larissa Kouzmin-Korovaeff, da Semente Editorial, que me mostra os caminhos da jornada literária. Toda gratidão a estas parceiras, que hoje compõem e dão sustentação ao projeto "Não Palavra Arteterapia".

Gratidão a cada um que esteve presente em algum evento do "Não Palavra", dentre palestras, cursos, grupos, supervisões. Aos que colaboram para que o *blog* se mantenha ativo, compartilhando seus textos ou enviando seus comentários. Como sempre reafirmo, minha pesquisa e estudo só são possíveis se contar com o espelhamento dos meus pares, para que eu possa me retificar ou confirmar que estou no caminho certo. Em especial, agradeço às participantes do grupo de estudos "Teorias da Arte e Arteterapia", pois, sem dúvida, esse espaço se mostrou um solo fértil e acolhedor para *insights*, debates, articulação de ideias e enfrentamentos. Sem vocês, pensar a Arteterapia não seria possível.

Gratidão a cada paciente pela confiança em mim depositada e por me disponibilizar a oportunidade de pensar e aprender a ser uma arteterapeuta clínica. Vocês dão sentido ao meu trabalho.

Agradeço também a cada um que faz parte da minha rede pessoal, que me sustenta em afeto, dentre familiares e amigos. Vocês me alimentam.

Por fim, agradeço a Deus pela inspiração que me concede a cada texto e pela missão que me confiou. Porque d'Ele, por Ele e para Ele são todas as coisas.

Eliana Moraes

Edição e publicação de livros
que venham contribuir para o bem-estar,
alegria e crescimento de todos os seres.

Conheça nosso catálogo: www.sementeeditorial.com.br

semente editorial